"It's huge in Japan. It's big in Europe. And now it's looking to invade the U.S.…It's Kakuro, a popular overseas game that U.S. publishers are betting will be the biggest thing since that other recent puzzle import: Sudoku."

—*Publishers Weekly*

"Kakuro is Japan's best-kept secret.…Addicts say they don't tire of kakuro because it is so flexible."

—*The Guardian* (London)

"Kakuro has the same elements as sudoku and hits the same buttons.…What we are talking about is nice, clean, straightforward logic, pure and simple."

—*The Financial Times* (London)

About the Author

Mark Huckvale is a Senior Lecturer in the Department of Phonetics and Linguistics at University College London. Trained as a scientist and engineer, he uses computers to research into the working of human speech. He was approached by the *Independent* newspaper in April 2005 to design Su Doku puzzles for their daily games page and Super Su Doku puzzles for their prize competitions. He is the author of *The Big Book of Su Doku 1, 2,* and *3.*

THE BIG BOOK OF KAKURO

Compiled by Mark Huckvale

Newmarket Press • New York

First published in the U.K. by Orion Books January 2006
First published in the U.S. by Newmarket Press January 2006

This book is published in the United States of America.

First Edition

ISBN 1-55704-722-7

10 9 8 7 6 5 4 3 2 1

Library of Congress Cataloging-in-Publication Data available upon request.

QUANTITY PURCHASES
Companies, professional groups, clubs, and other organizations may qualify for special terms when ordering quantities of this title. For information, write Special Sales Department, Newmarket Press, 18 East 48th Street, New York, NY 10017; call (212) 832-3575; fax (212) 832-3629; or e-mail info@newmarketpress.com.

www.newmarketpress.com

Manufactured in the United States of America.

Su Doku Books Published by Newmarket Press

The Big Book of Su Doku #1
by Mark Huckvale 1-55704-703-0

The Big Book of Su Doku #2
by Mark Huckvale 1-55704-704-9

The Big Book of Su Doku #3: Extreme
by Mark Huckvale 1-55704-709-X

Junior Su Doku
1-55704-706-5

Junior Su Doku Valentine's Day
1-55704-713-8

Junior Su Doku Easter
1-55704-715-4

Junior Su Doku Christmas
1-55704-707-3

Kidoku 1-55704-720-0

Contents

How to Play Kakuro

The rules of kakuro can be summed up in one sentence: 'Fill in the grid with single digits from 1 to 9 so that each horizontal and vertical block add up to the sum shown, but without repeating any digit in a block.'

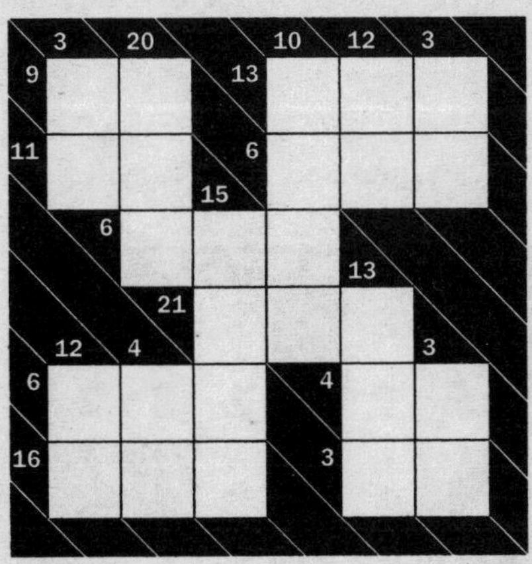

Although the rules of kakuro make it sound as though these puzzles involve lots of arithmetic, really they are logic puzzles that happen to use digits. While some of the logic relies on you being able to add up, the sums only ever involve a few single digits, and the totals are never more than 45. You don't need to be a math whiz, nor do you need to have a calculator handy. You will have no difficulty in doing the sums in your head. The fun in doing these puzzles is working out the logic that gets you from the starting position to the single solved grid of digits.

A kakuro puzzle looks like a crossword, with horizontal and vertical blocks of white squares where you fill in your answers. Black squares indicate the ends of these blocks. In a crossword puzzle each block has an associated clue which you solve to fill in the block with letters spelling a word. But in a kakuro puzzle, each block has an associated number which you must analyze into a set of digits which add up to that total. In both puzzles, the solution to one block helps you with the solution to other blocks that cross it, either horizontally or vertically. It is easy to see why an older term for kakuro puzzles was cross-sum puzzles.

However, there is one important additional rule in kakuro puzzles that does not have a parallel in crosswords. When you complete a block of white squares with digits which add to the block sum, no digit may be repeated. Thus two squares that add up to 16 must contain a 9 and a 7— they cannot contain two 8s.

Let's take a look at the solution to the small kakuro puzzle above to see how the blocks, sums and repeat rule work:

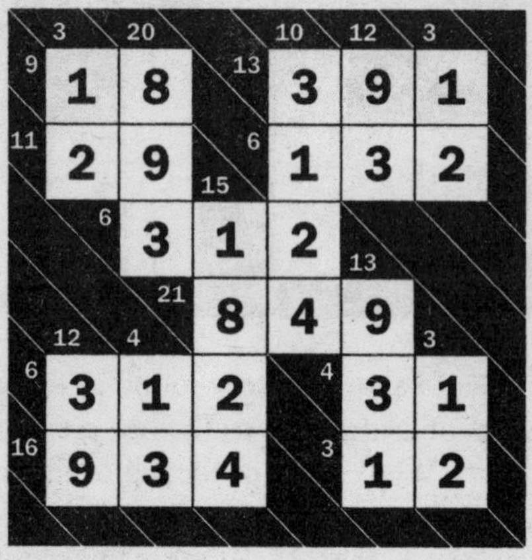

The white numbers above a cell set the sum for the vertical block starting at that cell, while the white numbers to the left of a cell set the sum for the horizontal block starting at that cell. Check for yourself that the digits in the solution form the sums required in the puzzle and that no digit is repeated in a block.

But how do you get from the puzzle to the solution? Of course it is fun to try and work it out for yourself, but if you'd like some advice, read on!

Tip 1: Unique Sets

A rapid way to get started is to look for sums which can only be made by a single combination of digits. For kakuro blocks between two and seven cells in length, there are 24 of these sums, with just four combinations for each size. Thus for a block of size two, the sum 3 can only be made with the digits 1 and 2; the sum 4 can only be made with the digits 1 and 3; the sum 16 can only be made with the digits 7 and 9; and the sum 17 can only be made with the digits 8 and 9. Here is a table of the sums that have unique sets of digits:

Block length	Sum	Unique digits
2	3	1 2
	4	1 3
	16	7 9
	17	8 9
3	6	1 2 3
	7	1 2 4
	23	6 8 9
	24	7 8 9
4	10	1 2 3 4
	11	1 2 3 5
	29	5 7 8 9
	30	6 7 8 9

Unique digits	Sum	Block length
3 4 5 6 7 8 9	42	7
2 4 5 6 7 8 9	41	
1 2 3 4 5 6 8	29	
1 2 3 4 5 6 7	28	
4 5 6 7 8 9	39	6
3 5 6 7 8 9	38	
1 2 3 4 5 7	22	
1 2 3 4 5 6	21	
5 6 7 8 9	35	5
4 6 7 8 9	34	
1 2 3 4 6	16	
1 2 3 4 5	15	

I have arranged the table in two columns so you can see a useful pattern. For each block length there are four sets: two using the smaller numbers, and two using the larger numbers. You should also see that each unique set of length 7 is just the complement of a corresponding set of length 2; likewise each unique set of length 6 is a complement of a set of length 3; and each set of length 5 is a complement of a unique set of length 4. The corresponding sets have sums that add up to 45, the total sum of the digits from 1 to 9, so in fact there are only twelve sets you need to remember.

You can use these sets anywhere you see one of the sums on a block that has the required length. Here is a very simple example:

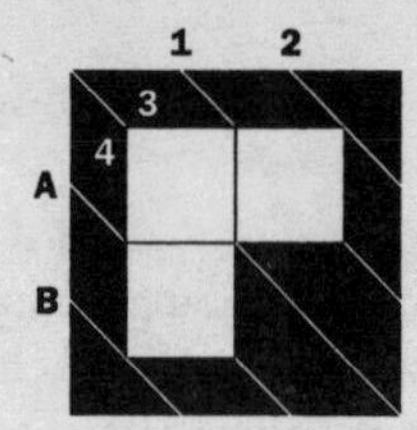

Using the unique sets table, we can see that the vertical block must contain a 1 and a 2, while the horizontal block must contain a 1 and a 3. The only digit these two sets have in common is 1, so cell A1 must be 1. Cell B1 must be 2, and cell A2 must be 3. Here is a slightly more complex example:

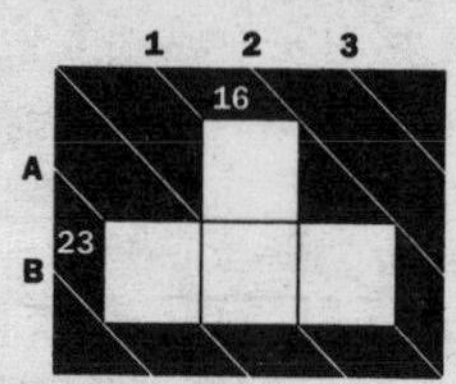

The sum 23 can only be made with 6, 8 and 9; while the sum 16 can only be made with 7 and 9. Thus the intersection of the two sums, at cell B2, must be 9.

Once you have filled in a cell at an intersection between two blocks, do check the remaining cells and their intersections with other blocks. You may find that the reduced sum forms a unique intersection with another block. Here is an example:

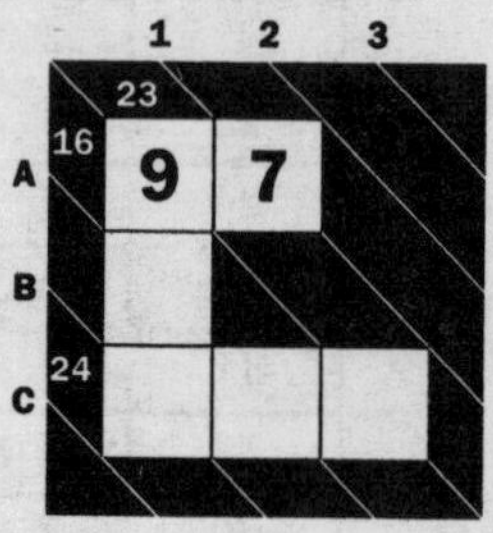

Cell A1 is the intersection of two unique sets: 16 in two, and 23 in three, and the only digit these sets have in common is 9, so we can fill in A1 and A2. But notice now how this affects the possibilities for cell C1. As the intersection of sets 23 in three and 24 in three, the cell could contain either 8 or 9. But now that 9 has been used up in the vertical block, the only value left for cell C1 is 8.

Tip 2: Minimum and Maximum

The unique sets in the table in the last section can also be used in another way. The sets of numbers can also be thought of as limits to the totals that you can make using digits inside a block of a given size. For example, the smallest sum you can make in a block of length two is 3 (with a 1 and a 2); the largest sum you can make in a block of length two is 17 (with an 8 and a 9). Likewise, the smallest sum you can make with three digits is 6, and the largest is 24. Here is another little table:

Block length	Smallest sum	Largest sum
2	3	17
3	6	24
4	10	30
5	15	35
6	21	39
7	28	42
8	36	44
9	45	45

You will see that the sums are the same as some of the entries in the unique sets table. To see how these can be used to help solve kakuro puzzles, look at this piece of a puzzle:

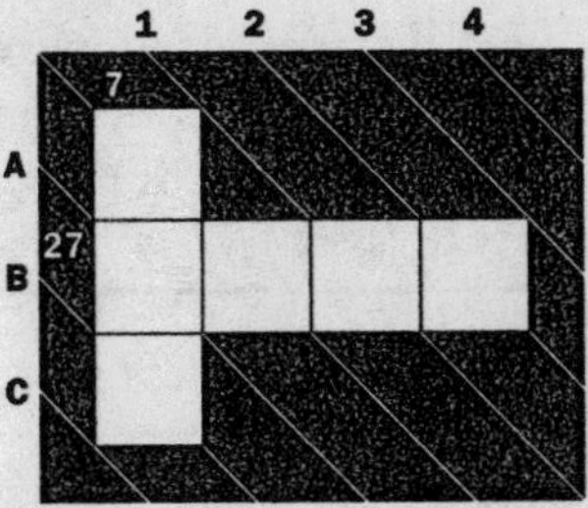

From the unique sets table, we know that a sum of 7 in three cells can only be made with 1, 2 and 4. However, the sum 27 in four cells is not in the table. But think about the three cells B2, B3 and B4. The largest sum we can get out of three cells is 24. So whatever value goes into cell B1, it must be greater than or equal to 3. If we use this piece of information together with the unique digits that make up 7, we deduce that cell B1 must be 4. If we had put the 1 or the 2 from the sum of 7 into B1 then we could not have made up the sum of 27 with the remaining digits in row B.

Here is another example:

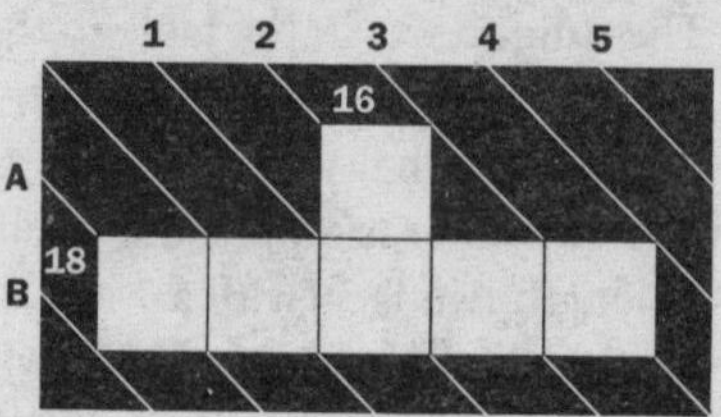

The sum of 16 in two cells can only be made with 7 and 9. But which one goes in cell B3? Looking at the horizontal block in row B, the smallest number that can be made using cells B1, B2, B4 and B5 is 10. So cell B3 cannot be larger than 8. So cell B3 must be 7.

Sometimes looking for the maximum and minimum value for a cell may not give you a single value, but a range of values. Even so, this range can be useful in cutting down the number of possibilities for the intersecting cell.

Tip 3: More Unique Intersections

Although the unique sets will be the single greatest help in finding digits that can be put into cells, there are a few other pairs of blocks and sums which can only have a single digit intersection. Here is another little table:

Sum & block length	Unique intersection digit	Sum & block length
5 in 2	4	21 in 3
5 in 2	4	28 in 4
6 in 2	5	22 in 3
14 in 2	5	8 in 3
15 in 2	6	9 in 3
15 in 2	6	12 in 4
8 in 3	5	22 in 3

In each table row, you can see the unique digit that remains when the two given sums cross one another. For example when 5 in two cells crosses 21 in three cells, the common digit must be 4. It is possible to work these out for yourself by looking at the sets of possible digits that make up each sum, then by studying which two sets have a single digit in common. For example, you can make 5 in two by using {1,4} or {2,3}, and you can make 21 in three by using {9,8,4} or {9,7,5}; but the only digit these sets have in common is 4. Let's look at an example in a puzzle:

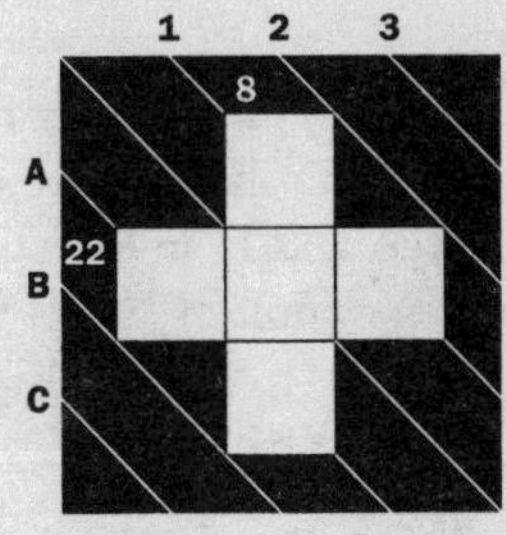

What digit can go in B2? Well, 8 in three can be made only with the sets {1,2,5} or {1,3,4}; and 22 in three can only be made with the sets {9,8,5} or {9,7,6}. So B2 must be 5, the single digit these sets have in common.

Tip 4: Paired Cells

From time to time you will find two cells in the same block that must contain one of the same pair of digits. You can use this fact to help reduce the possibilities elsewhere in the block, because if those two cells contain those two digits, then those digits cannot be repeated elsewhere in the block. Here is an example:

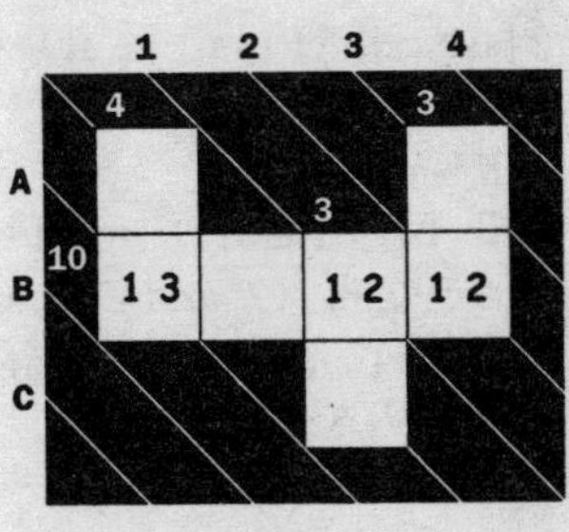

In this example, notice how cells B3 and B4 can only contain a 1 or a 2. But if these two cells contain the digits 1 and 2, then those digits can't go elsewhere in block B, so cell B1 cannot contain a 1, it must contain 3.

A Complete Puzzle

Let's now look at the solution of a complete puzzle, step by step:

Step 1

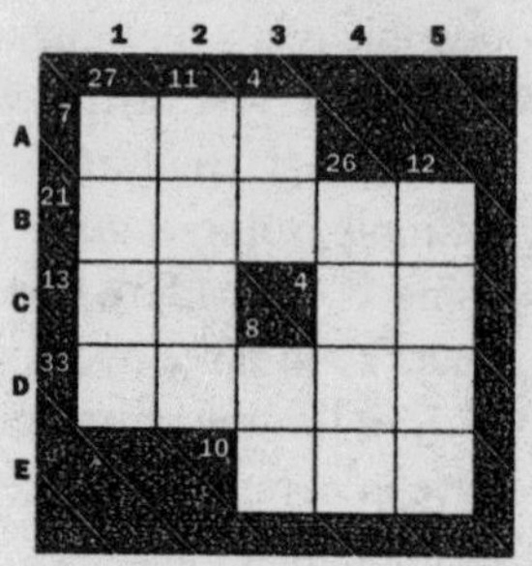

We'll start by looking for some unique sets. You should find: 4 in two, 7 in three, and 11 in four. Cell A3 is the intersection of {1,2,4} and {1,3}, so must be equal to 1. This also means that cell B3 must be 3.

Then look at cells C4 and C5. These must be 1 and 3, but which way around? Notice that the largest sum we can make with cells B4, D4 and E4 is 24, so cell C4 must be 2 or larger. So C4 must be 3 and C5 must be 1.

Step 2

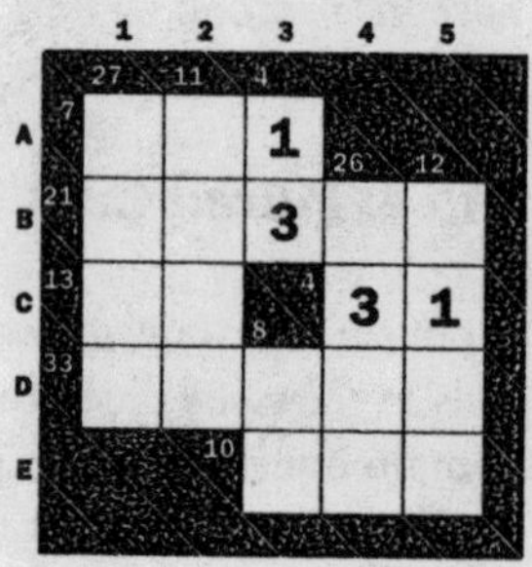

Cell A1 must be 2 or 4 (since 7 in three is {1,2,4}). But the largest sum we can get from cells B1, C1 and D1 is 24, so cell A1 must be at least 3, so A1 is 4 and A2 is 2.

Cells B1, C1 and D1 must be {9,8,6}, and cells B2, C2 and D2 must be {1,3,5}. But the only combination of these that gives a sum of 13 for C1+C2 is 8 and 5. So C1 is 8 and C2 is 5.

Step 3

B2 and D2 are 1 and 3, but the horizontal block at B already contains a 3, so B2 is 1 and D2 is 3. The remainder of the horizontal block starting at D1 is now a unique set of 30 in four, so must contain {9,8,7,6}. But cell D5 cannot be larger than 6, otherwise we wouldn't be able to make 12 in combination with cells B5, C5 and E5. So D5 is 6.

Step 4

Cells D1, D3 and D4 are {7,8,9}, but of these D3 must be 7 otherwise D3+E3 could not equal 8. Thus E3 is 1.

Cells D1 and D4 must contain 8 and 9, but cell D1 cannot contain an 8 (since the vertical block already contains an 8) so D1 is 9 and D4 is 8. By elimination, B1 must be 6.

Step 5

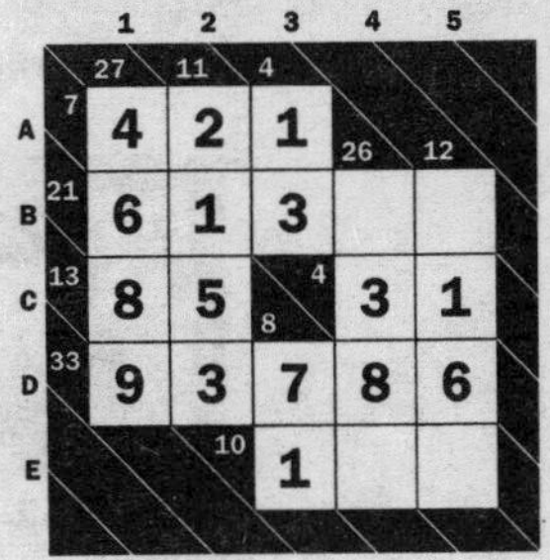

Cells B4 and E4 sum to 15, so could either be {6,9} or {7,8}. But since the vertical block contains an 8, they must be 6 and 9. But 9 is too big for cell E4, so E4 must be 6 and B4 must be 9.

We can calculate the value of B5 from 21-19=2, and the value of E5 from 10-7=3. We can double check everything by checking that cells B5, C5, D5 and E5 add up to 12, and they do!

Step 6

The puzzle is complete. Double check all the sums in case you've made a mistake.

Hints on Sudo-kuro Hybrid Puzzles

Puzzles 161 to 200 in this book are a new kakuro puzzle variation which incorporate some aspects of su doku logic puzzles. The puzzles look like a normal kakuro puzzle, but there is an additional rule which limits which digits can be placed in which blocks. In these hybrid sudo-kuro puzzles, each row and each column can only contain one instance of each digit. Thus in addition to the blocks of digits adding up to the sums, you also need to check that each digit doesn't occur elsewhere in the row or column. Since each row and each column contains 9 cells, you can also use the rule backwards to ensure that each digit occurs exactly once in each row and column.

Here is a solution to a hybrid puzzle – you should be able to see how the digits that make the sums are also constrained to appear once in each row and column.

That's It!

You now know all you need to know to tackle the puzzles in the book. We start with some small and simple kakuro puzzles so that you can develop your solving skills. Then you can practice on a section of moderately difficult puzzles before tackling a section of larger and more complex grids. Once you have become good at kakuro, you'll be ready to try the sudo-kuro hybrid puzzles at the end of the book. All the puzzles have a single solution that you can arrive at by logic, so you should never need to guess. Have fun!

Mark Huckvale
January 2006

PUZZLES

1

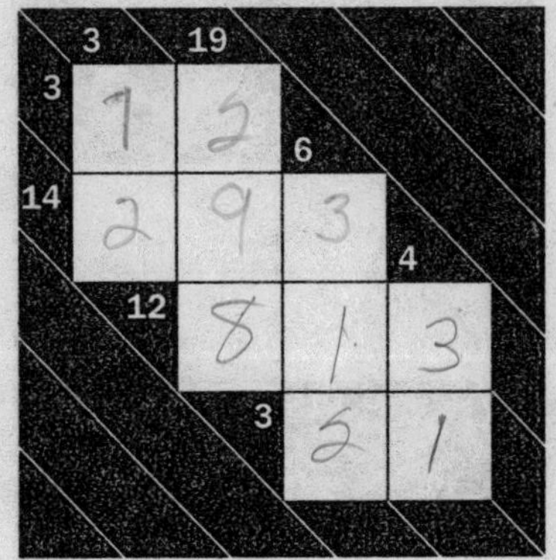

Easy

2

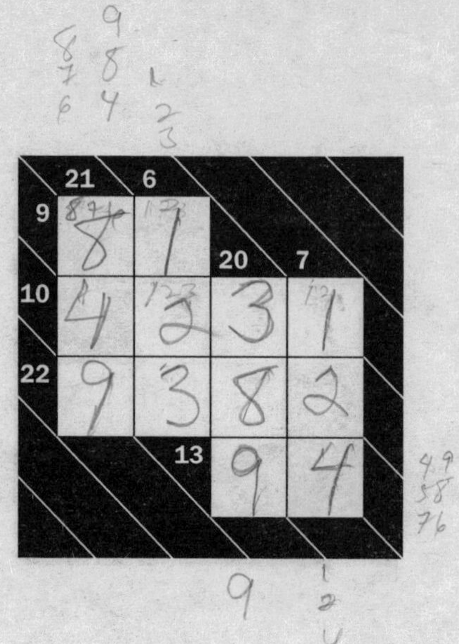

3

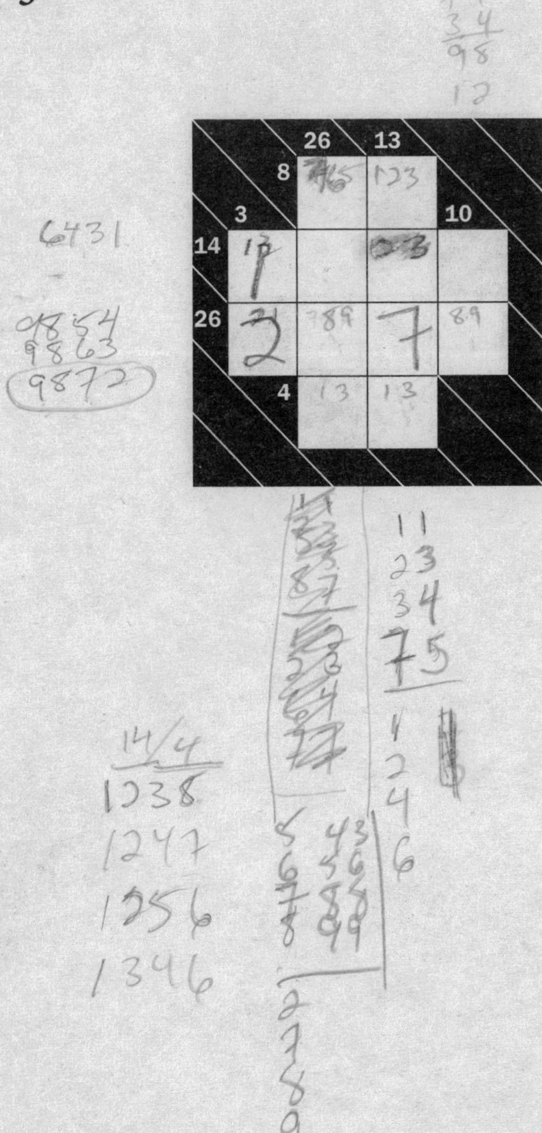

Easy

4

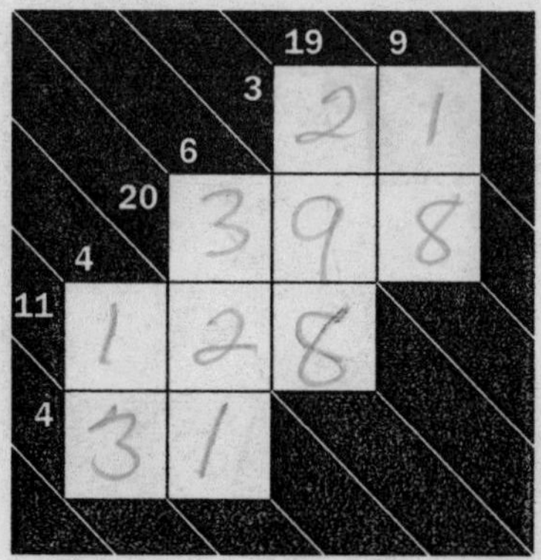

5

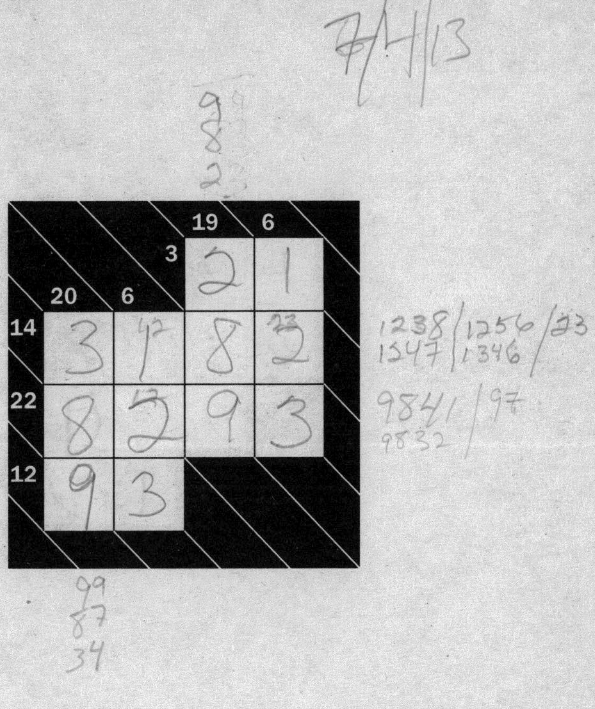

Easy

6

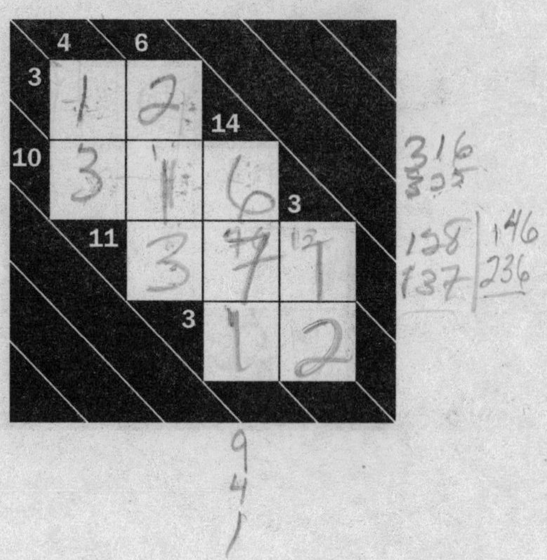

7

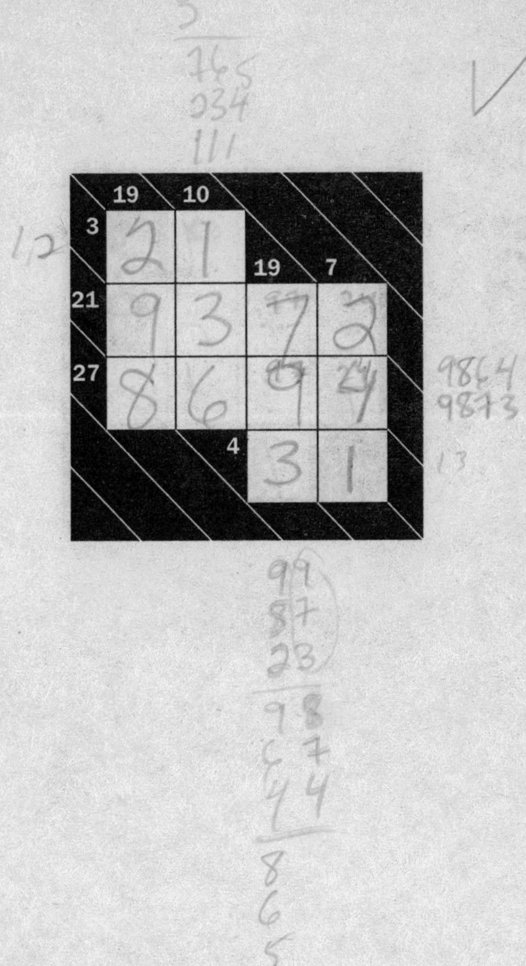

Easy

8

		14	26	
	7 \ 16			12
27				
13				
	3			

1/9/14

Easy

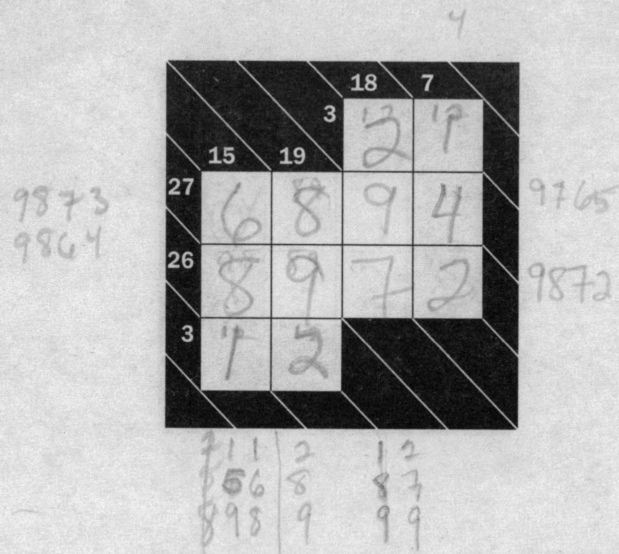
18
7
3
15
19
27
26
3

11

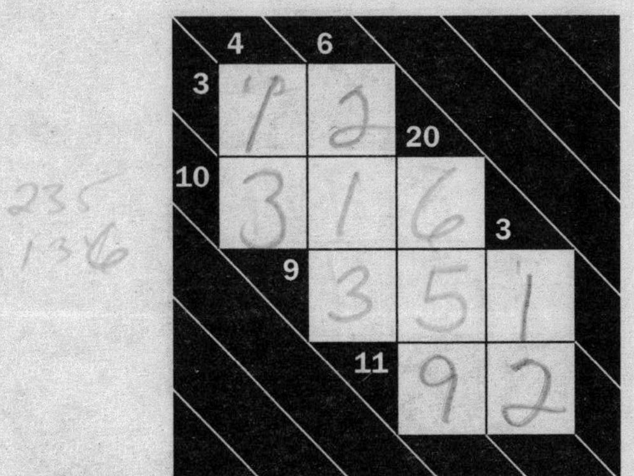

Easy

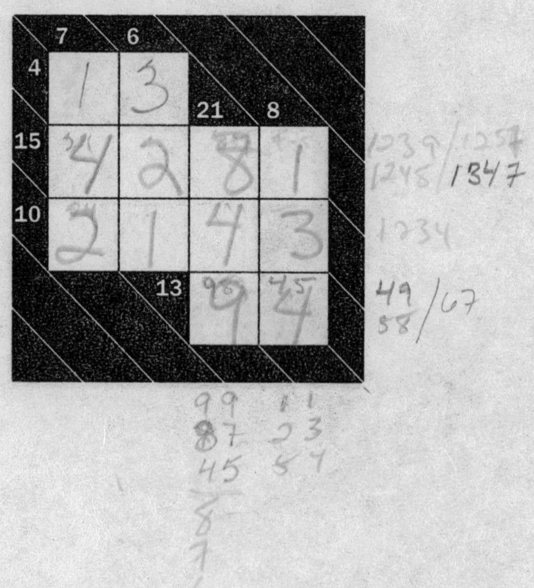
7
6
4
21
8
15
10
13

13

14

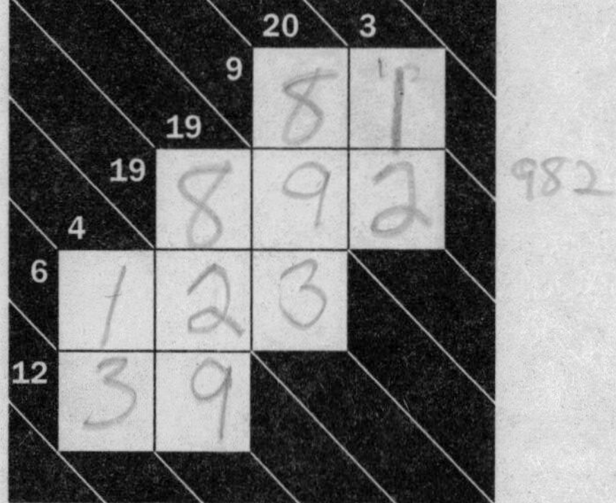

15

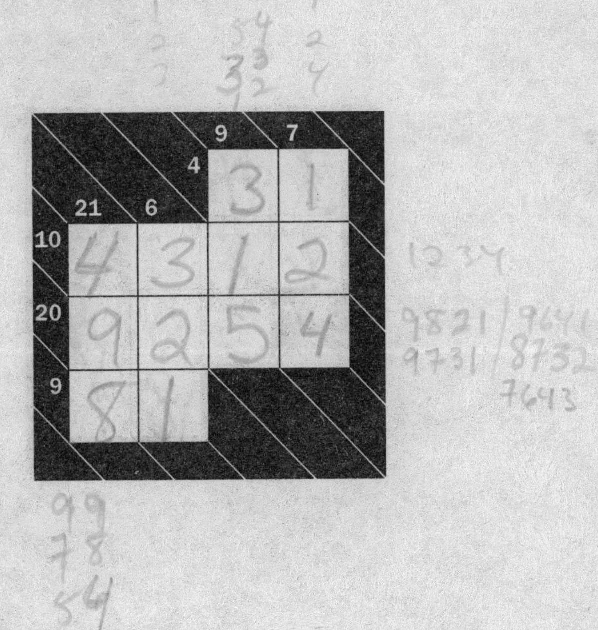

Easy

16

17

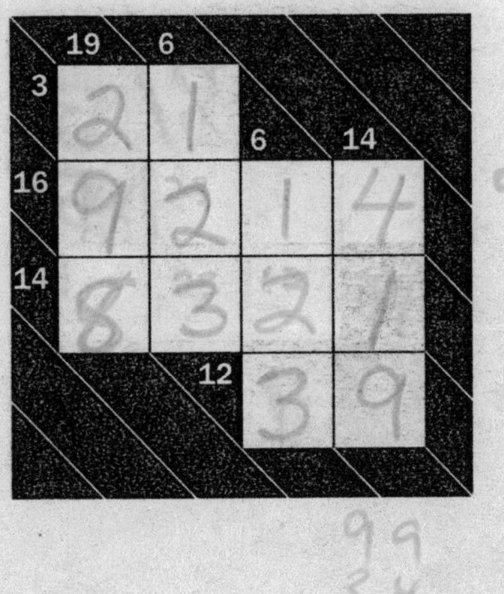

Easy

18

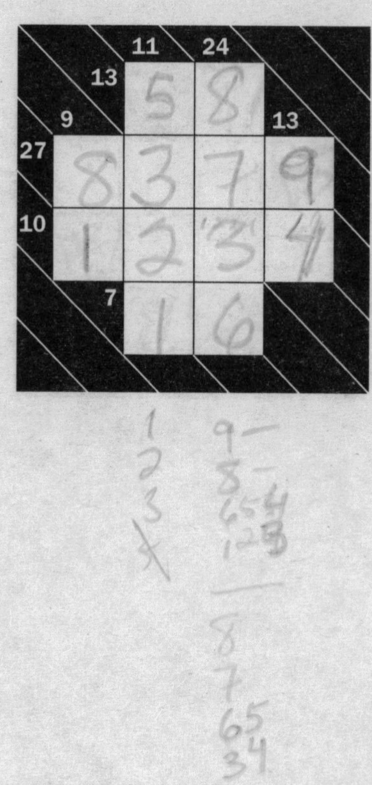

19

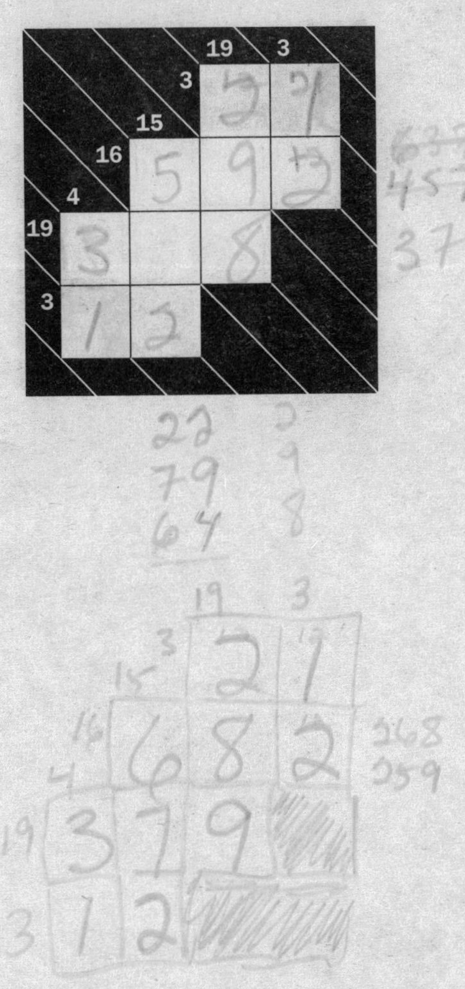

Easy

20

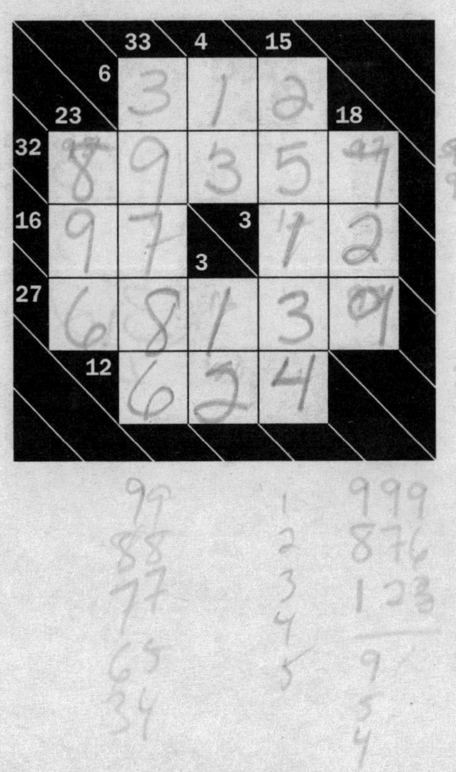

Easy

22

	11	28	10		
20				27	11
22					
14			13 / 14		
15					
		17			

23

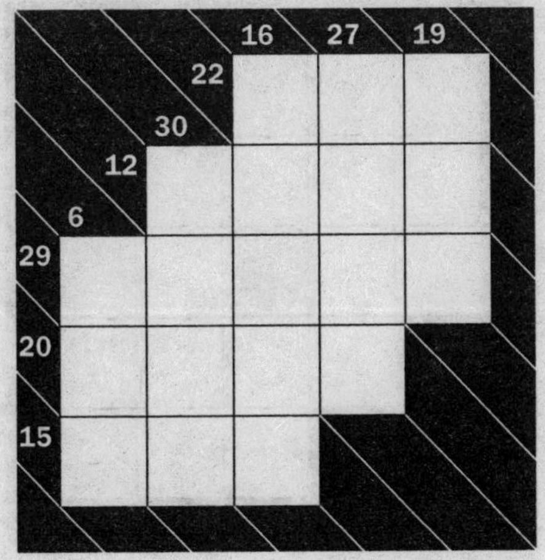

Easy

24

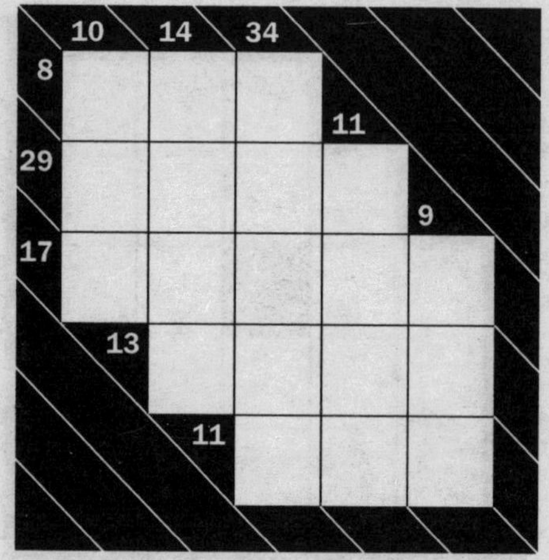

25

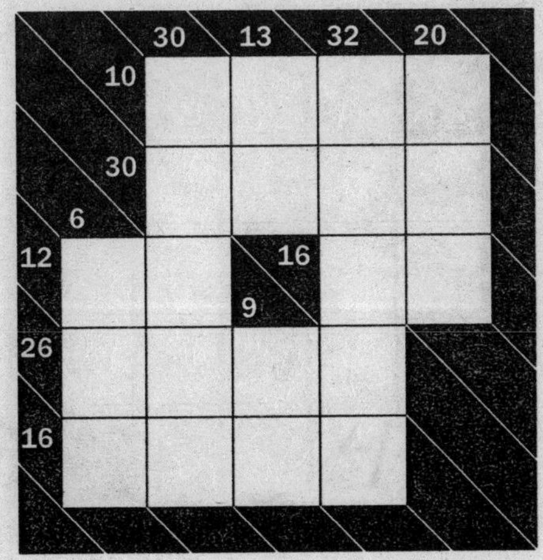

Easy

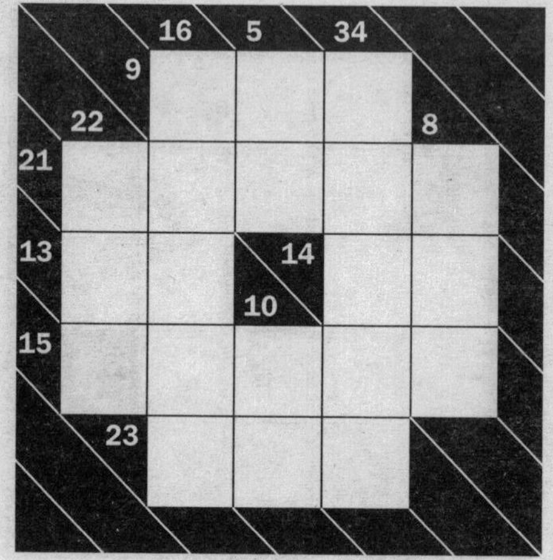
16
5
34
9
22
8
21
13
14
10
15
23

27

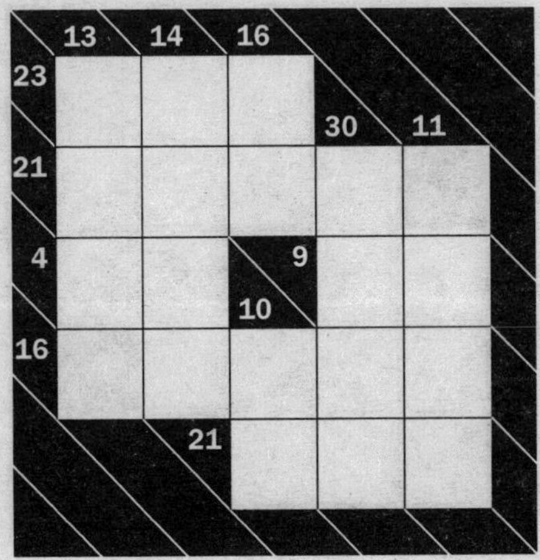

Easy

28

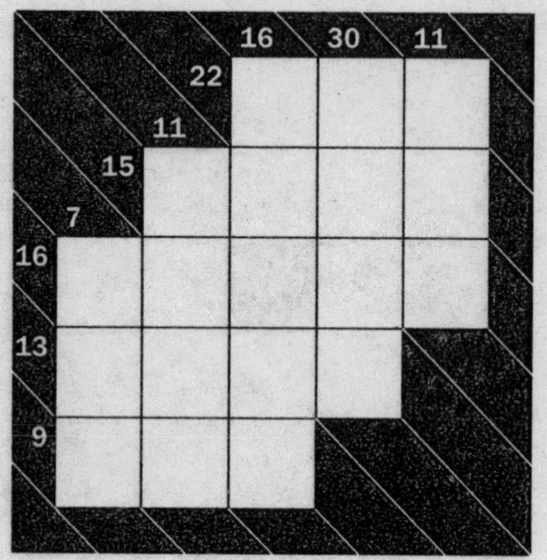

29

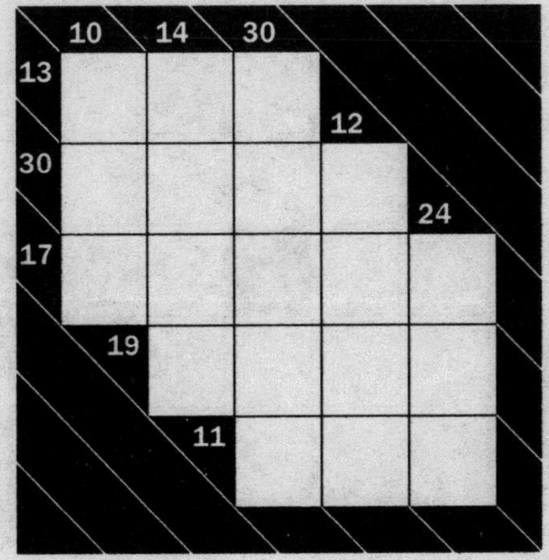

Easy

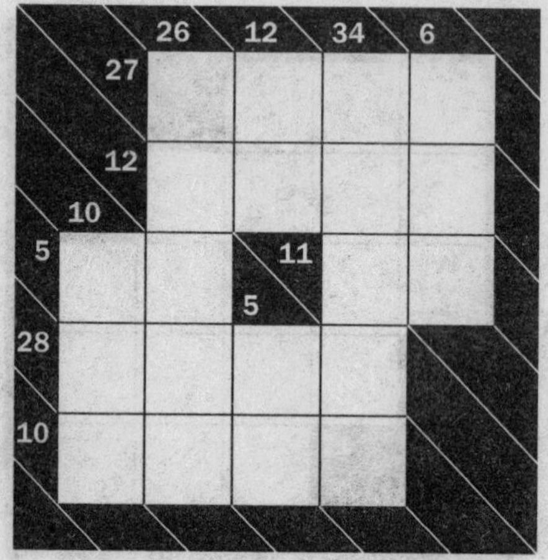
26
12
34
6
27
12
10
5
11
5
28
10

31

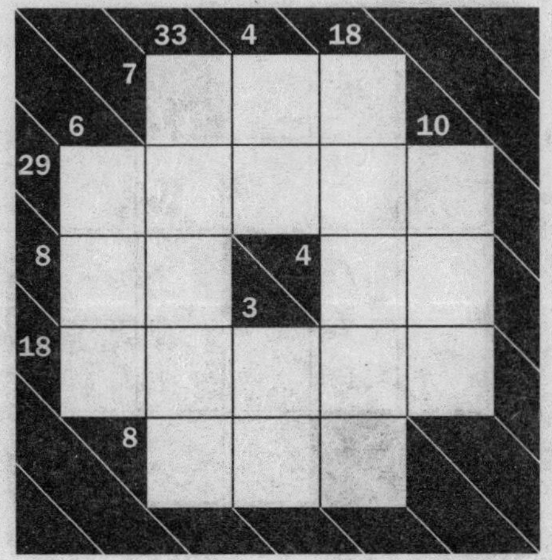

Easy

32

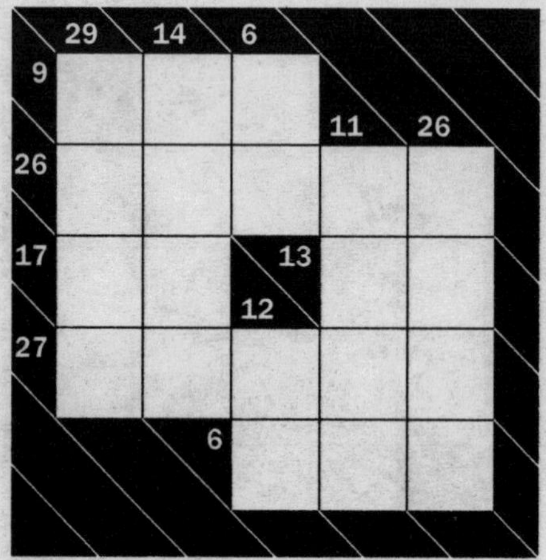

33

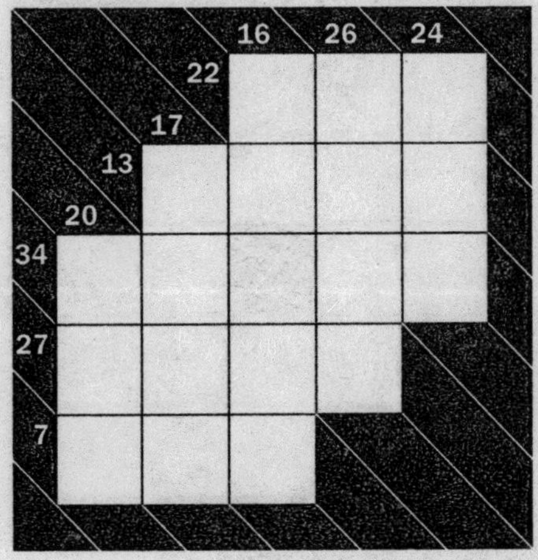

Easy

34

35

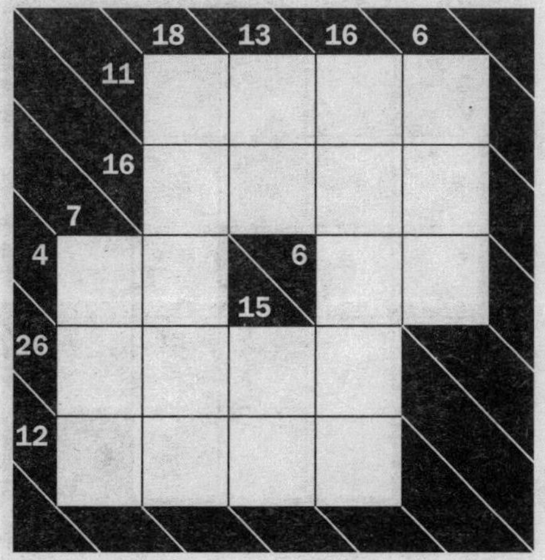

Easy

36

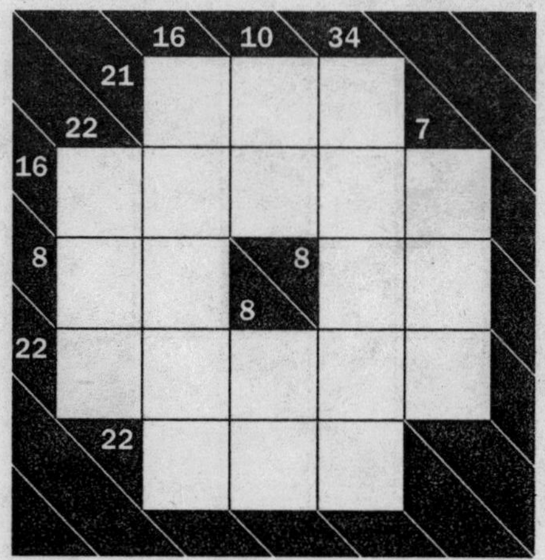

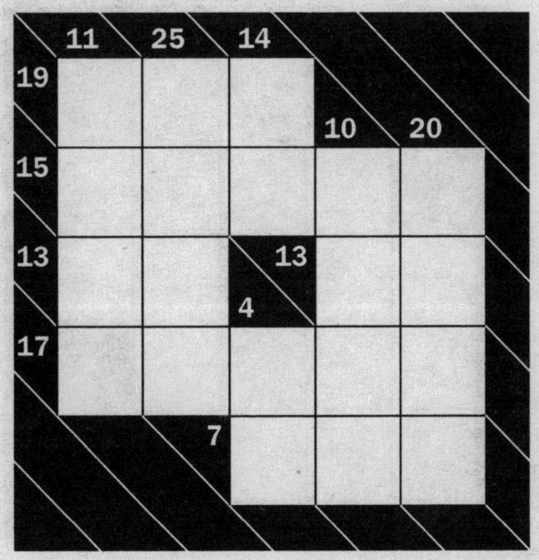

Easy

38

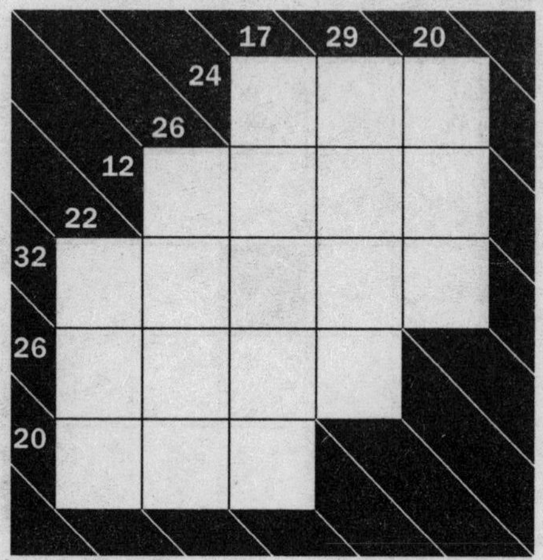

39

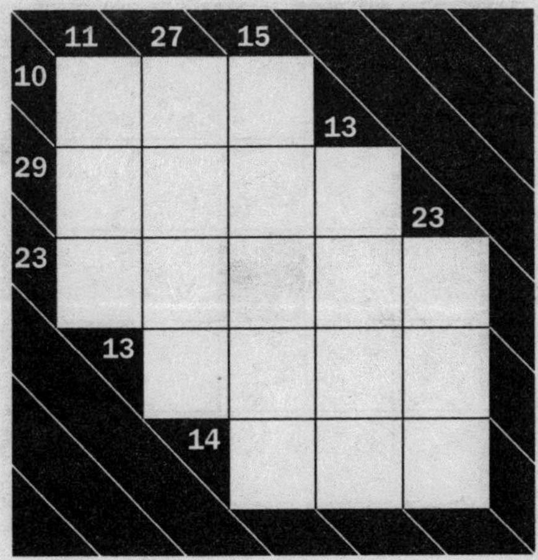

Easy

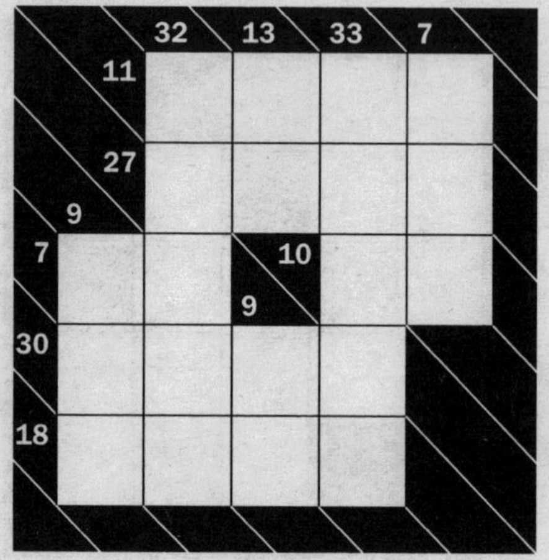
32
13
33
7
11
27
9
7
10
9
30
18

41

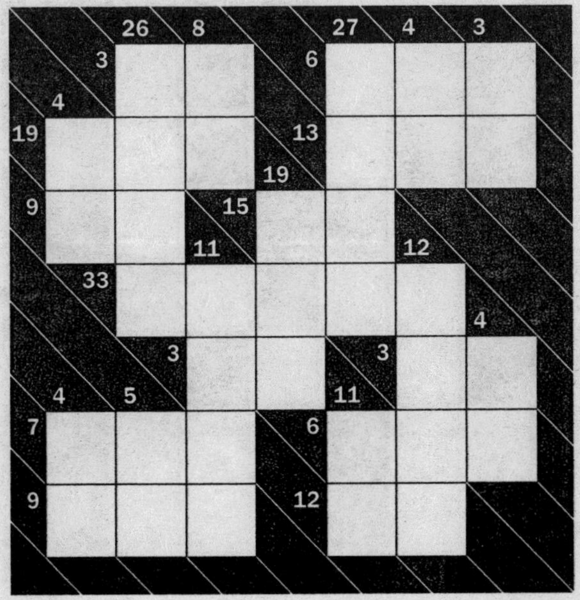

Medium

Medium

44

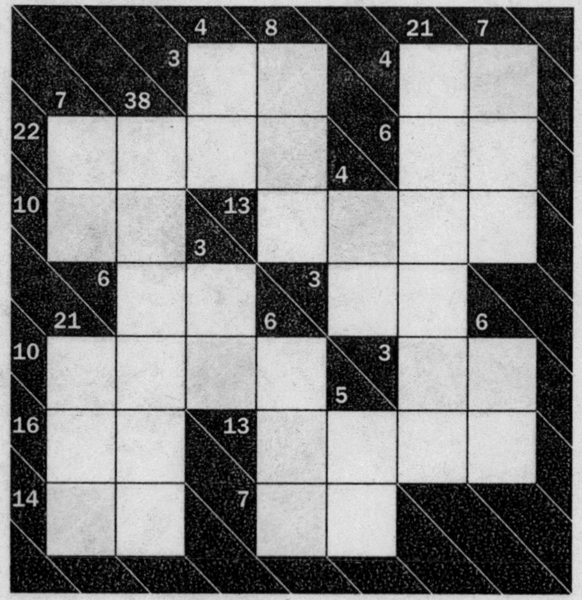

45

Medium

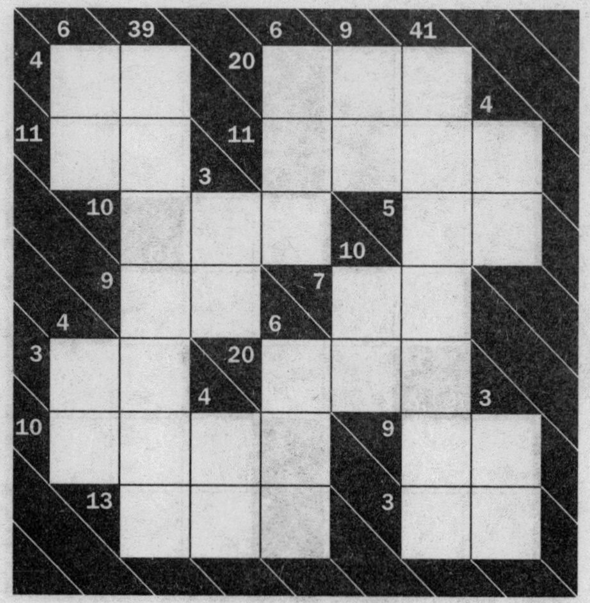
6
39
6
9
41
4
20
4
11
11
3
10
5
10
9
7
4
6
3
20
4
3
10
9
13
3

47

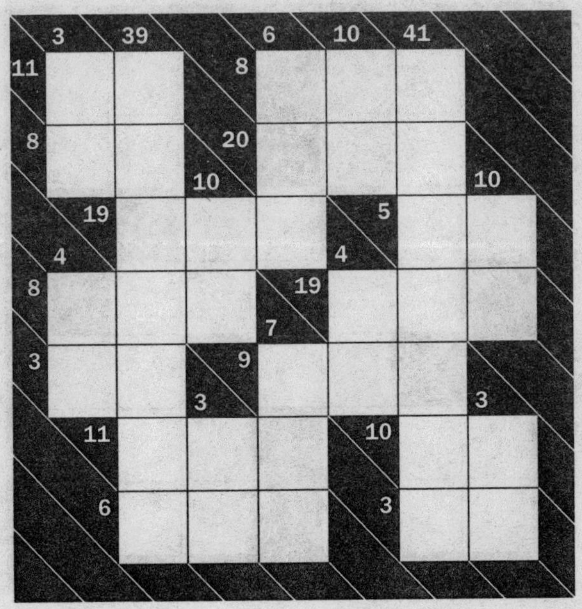

Medium

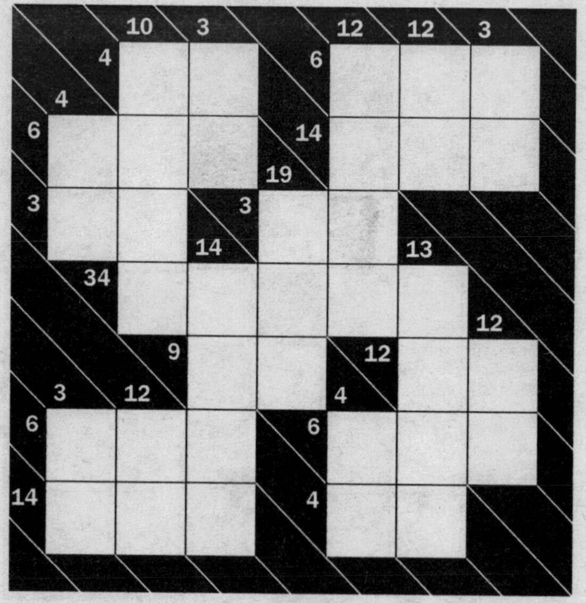
10
3
12
12
3
4
6
4
6
14
19
3
3
14
13
34
12
9
12
3
12
4
6
6
14
4

49

Medium

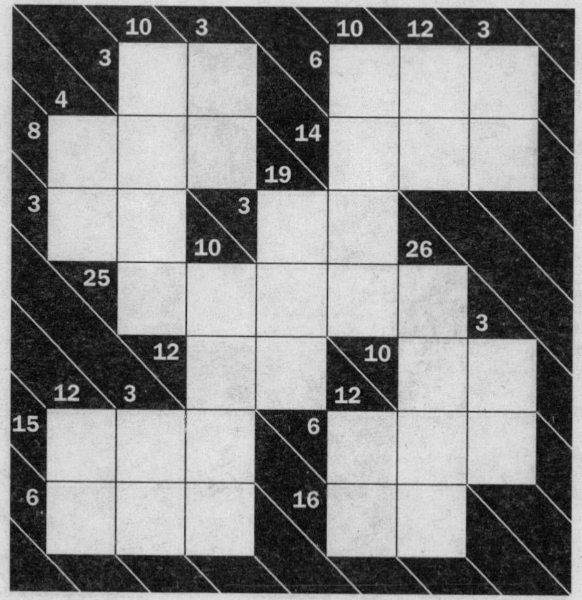

51

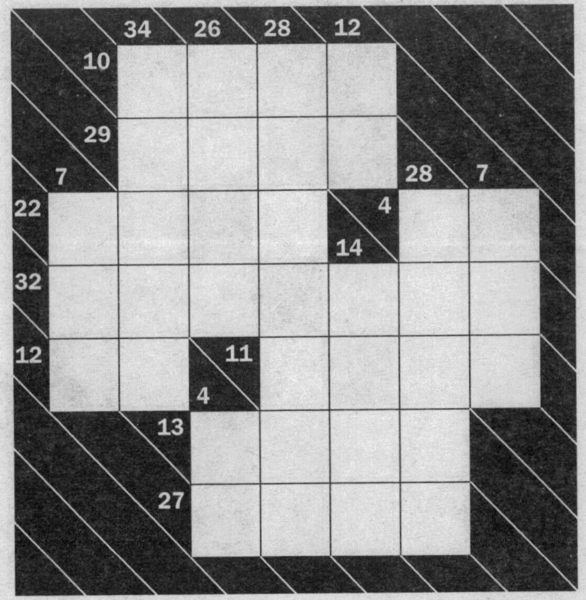

Medium

53

Medium

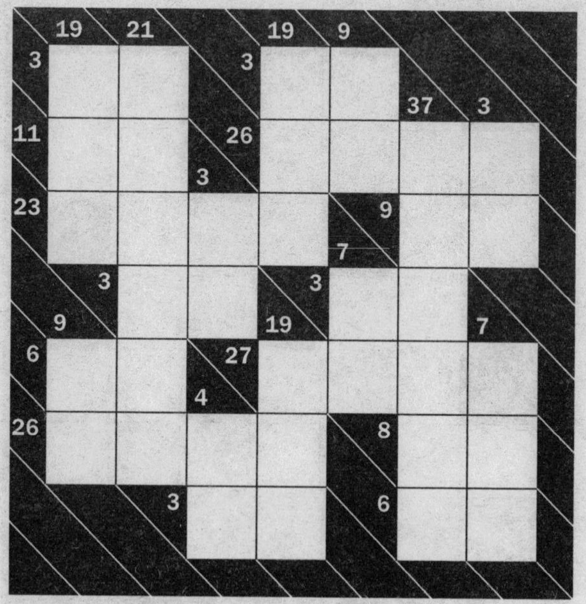

55

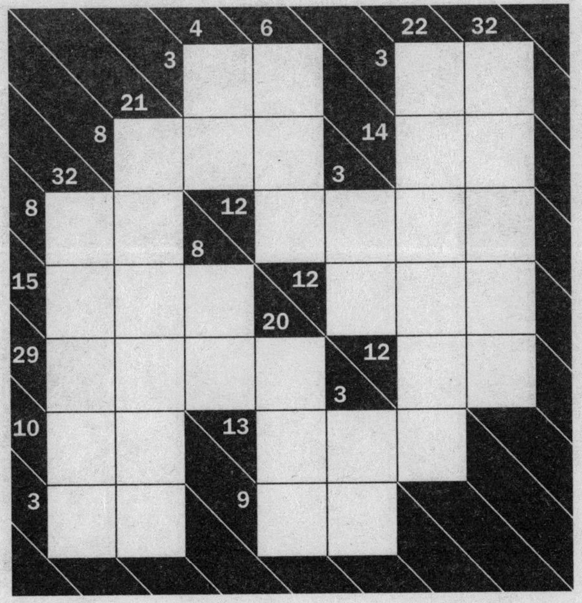

Medium

57

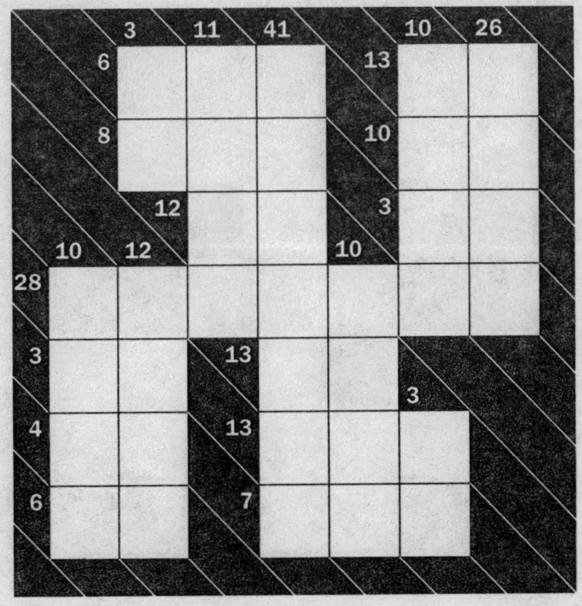

Medium

59

Medium

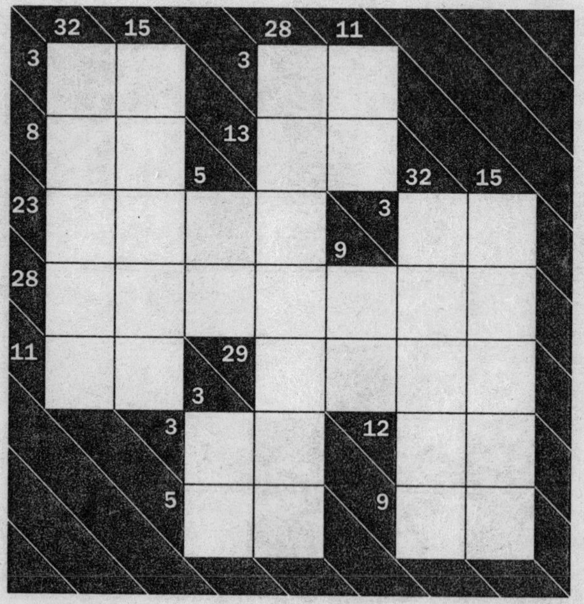

61

Medium

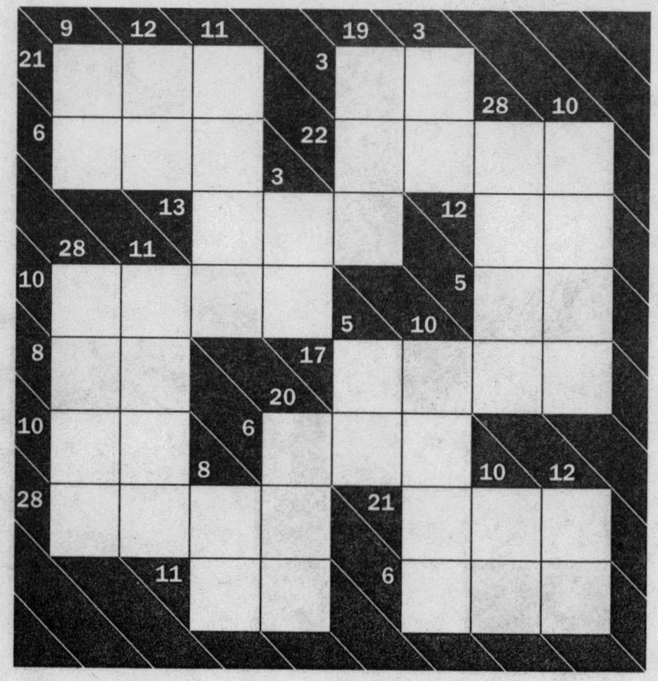
9
12
11
19
3
21
3
28
10
6
22
3
13
12
28
11
10
5
5
10
8
17
20
10
6
8
10
12
28
21
11
6

63

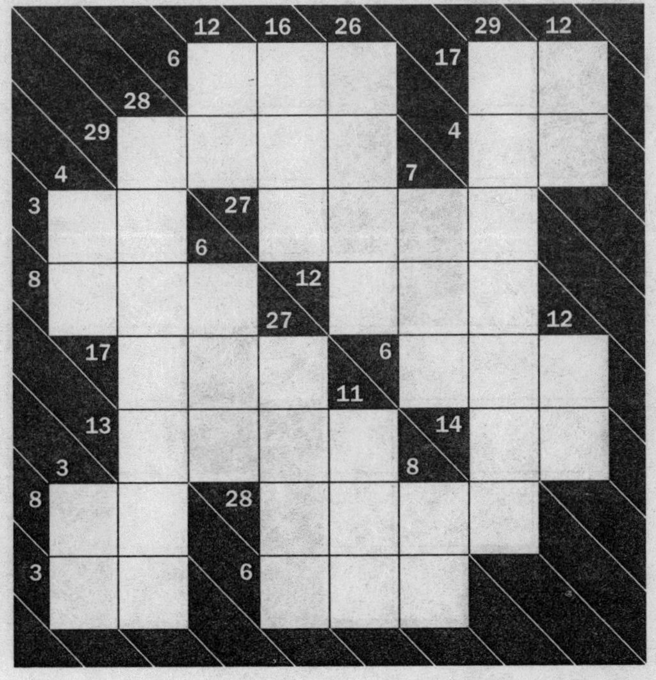

Medium

64

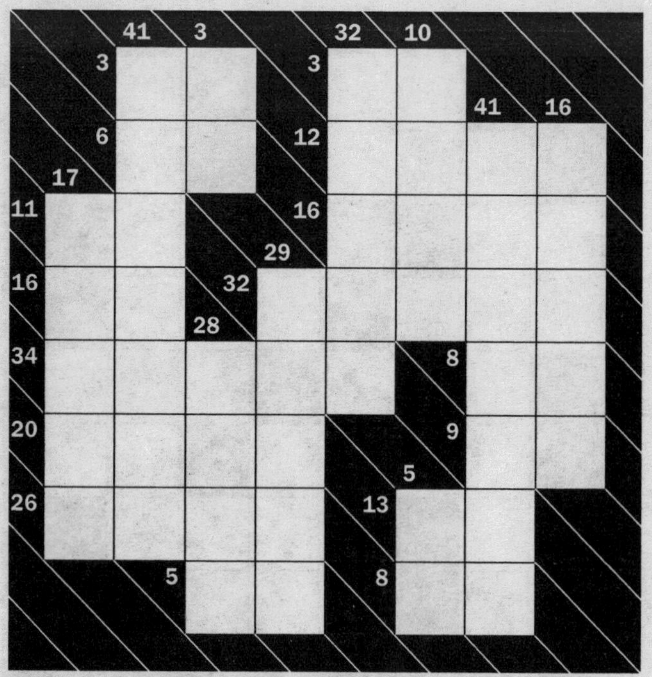

65

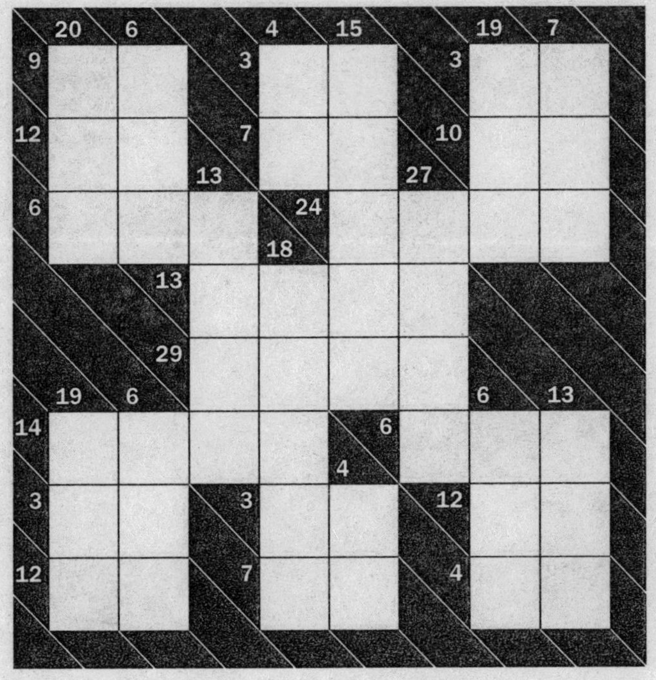

Medium

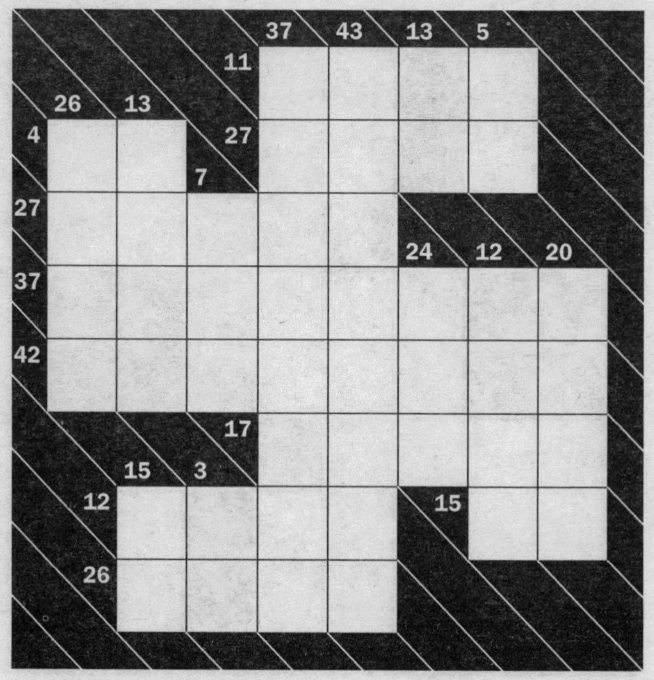

67

Medium

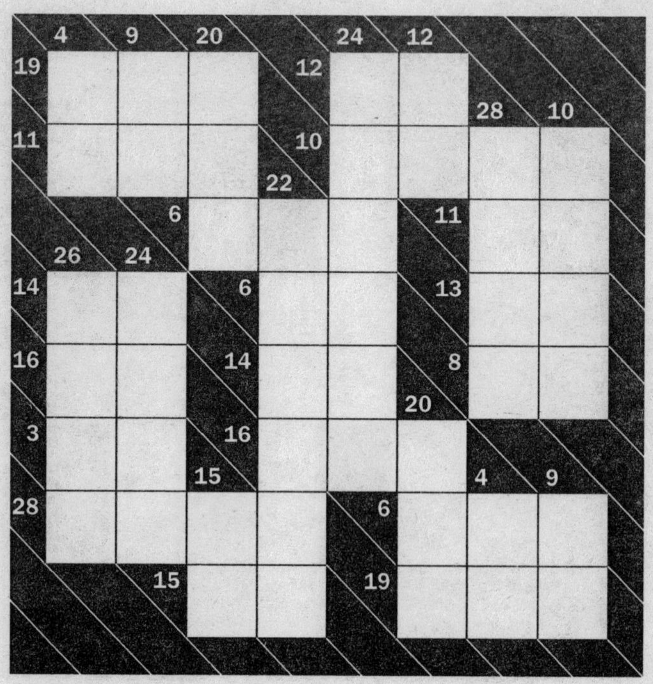

69

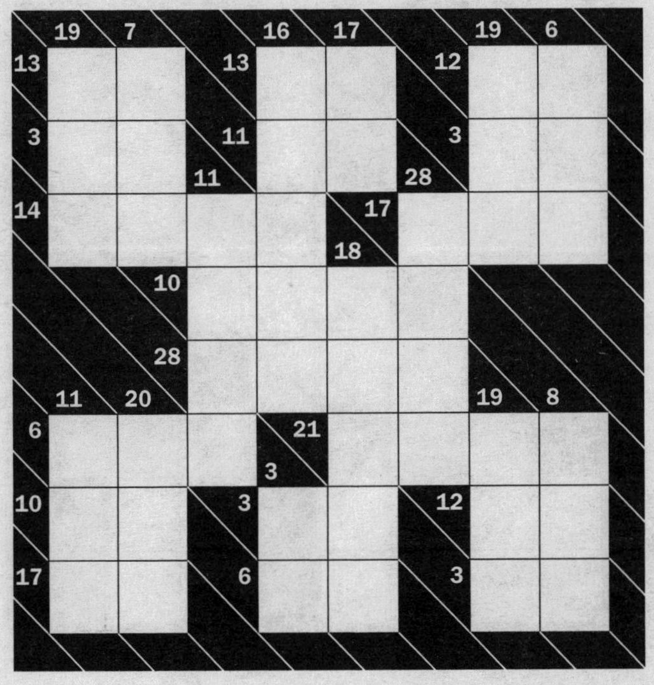

Medium

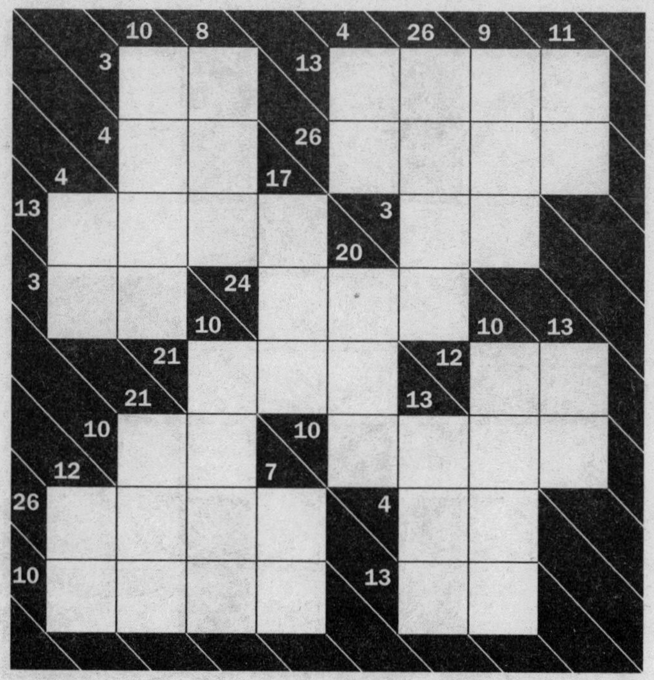

71

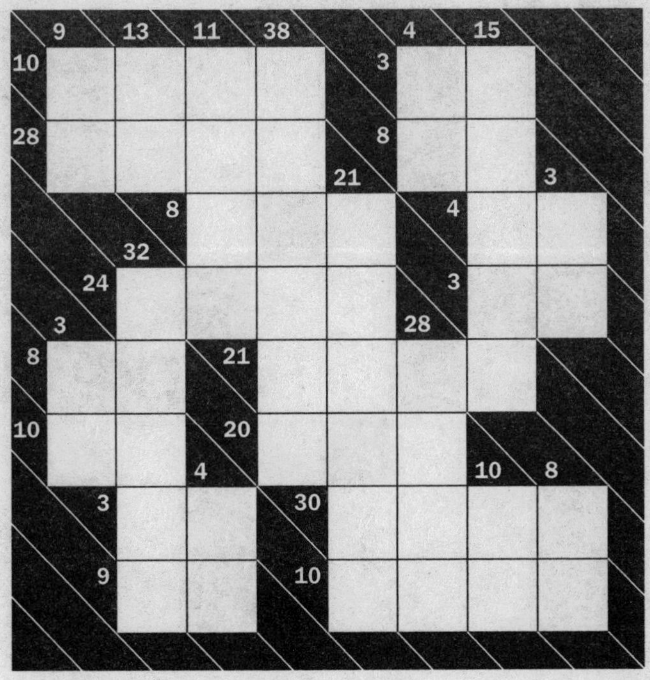

Medium

72

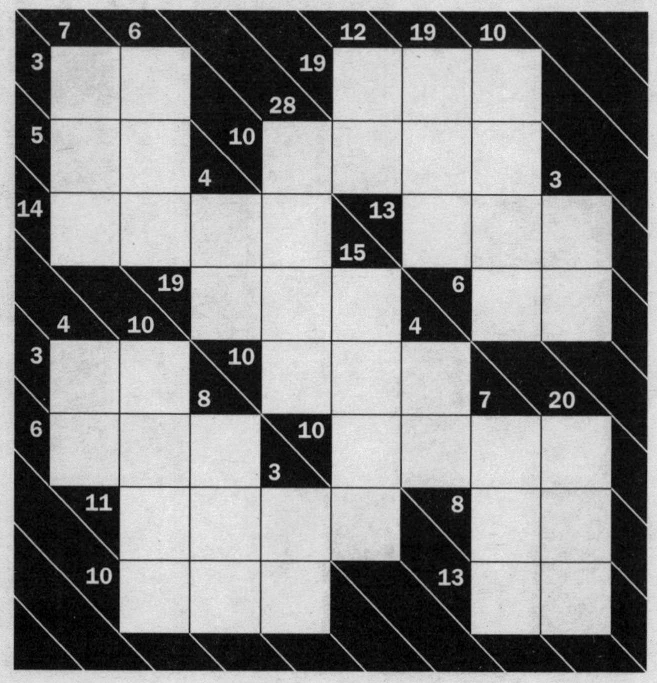

73

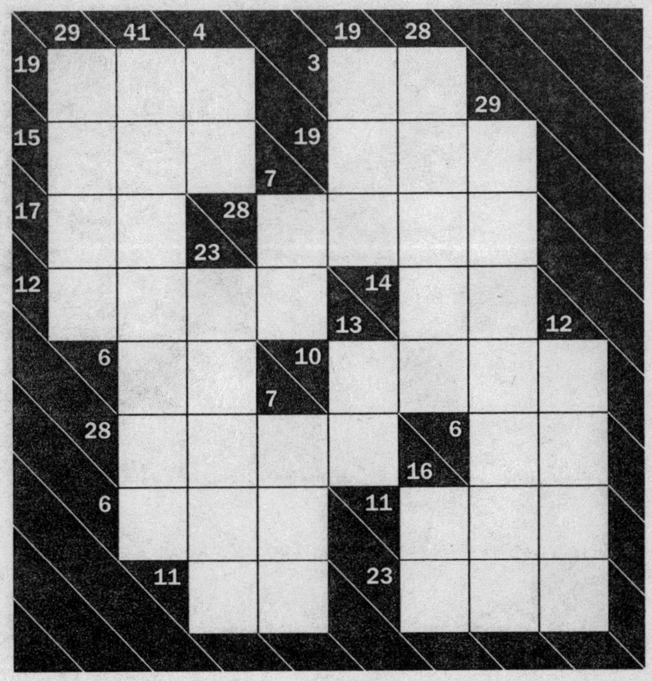

Medium

75

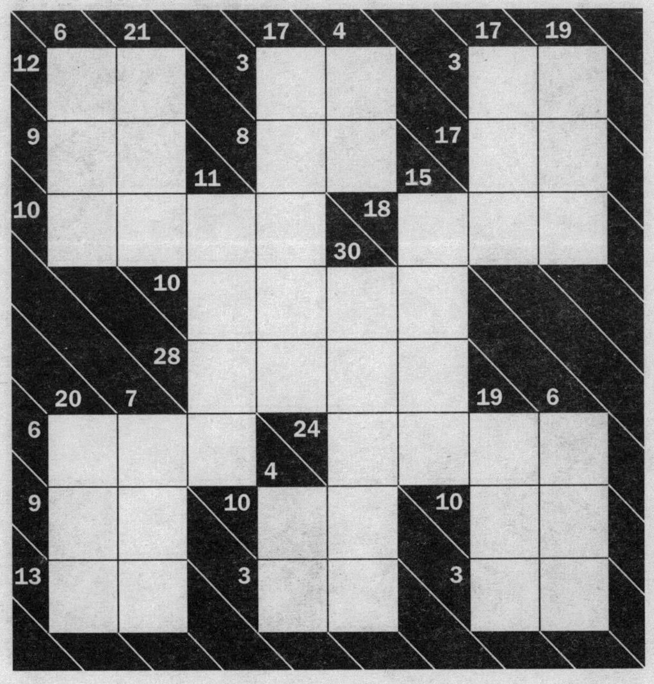

Medium

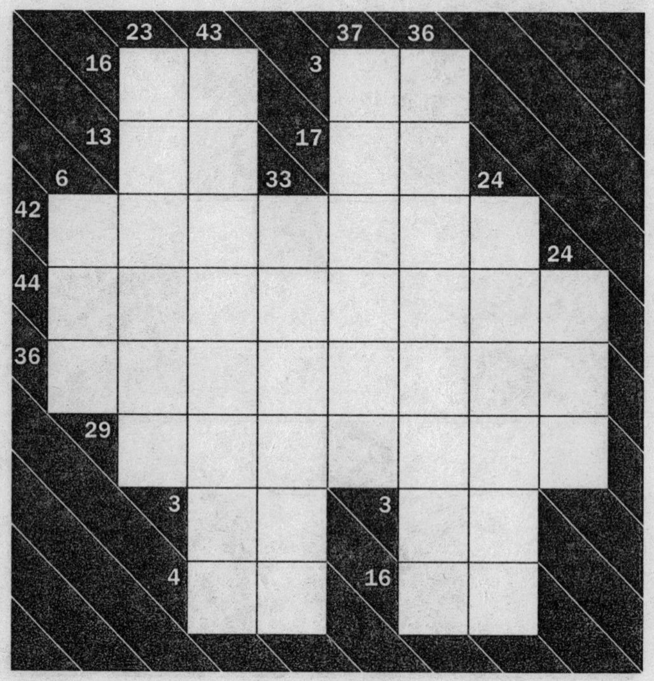

77

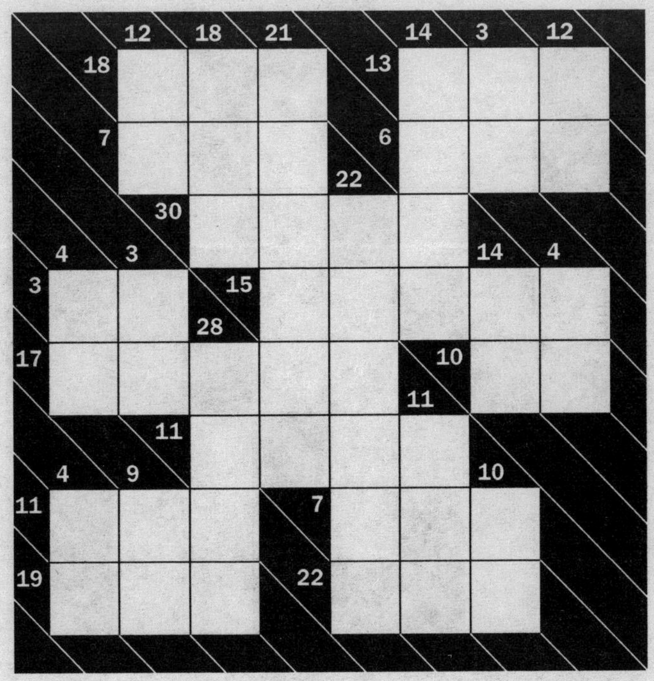

Medium

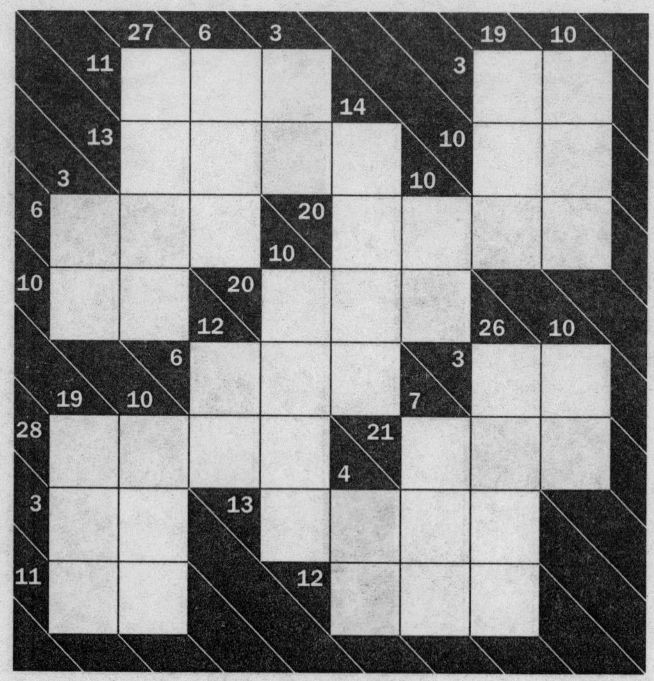

79

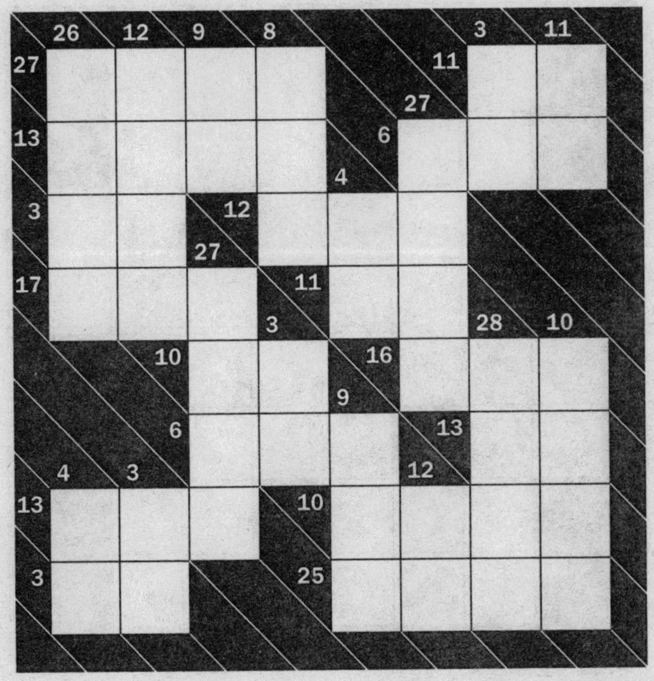

Medium

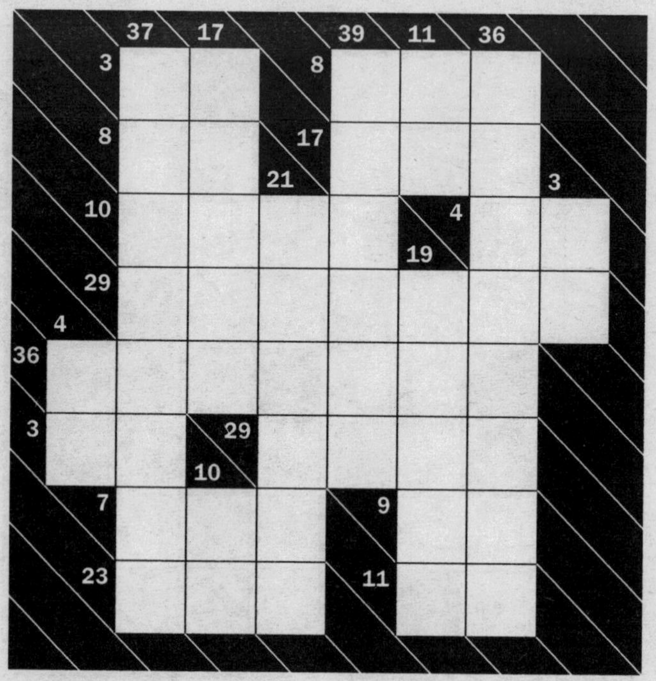
37
17
39
11
36
3
8
8
17
21
3
10
4
19
29
4
36
3
29
10
7
9
23
11

81

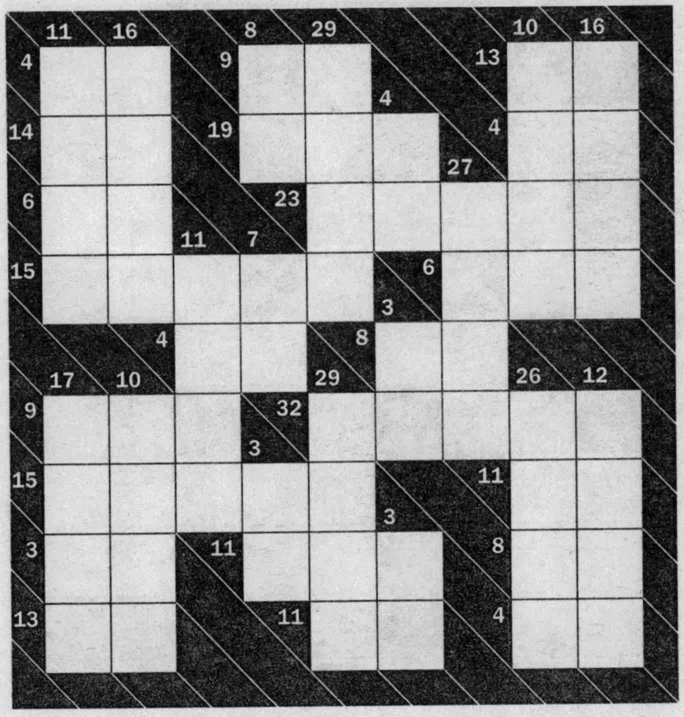

Tricky

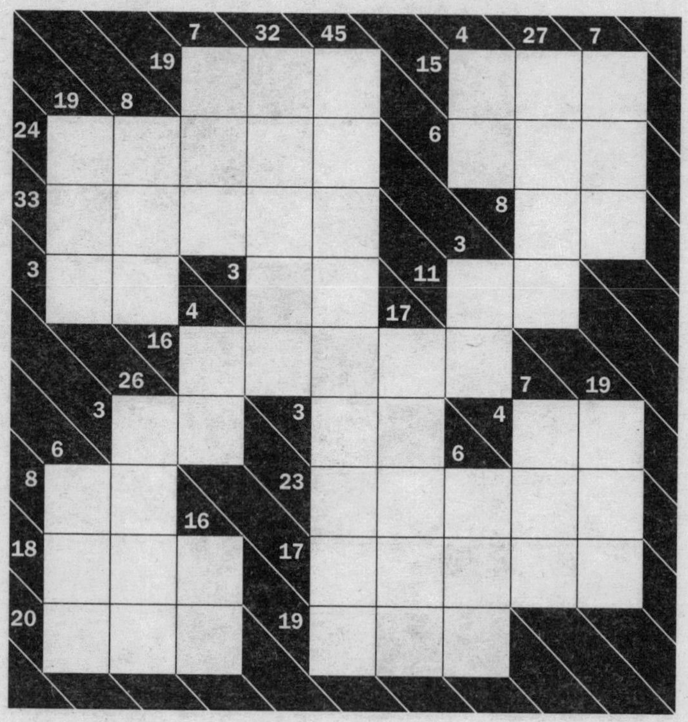

83

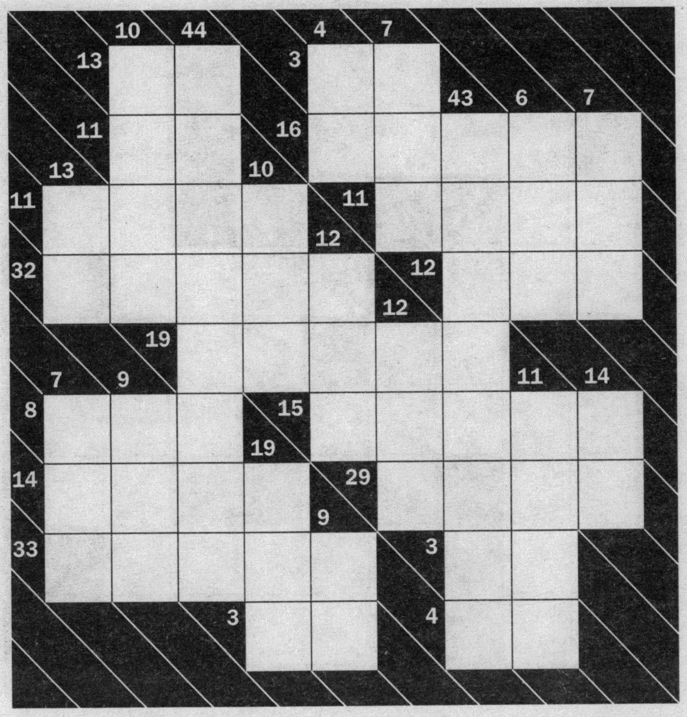

Tricky

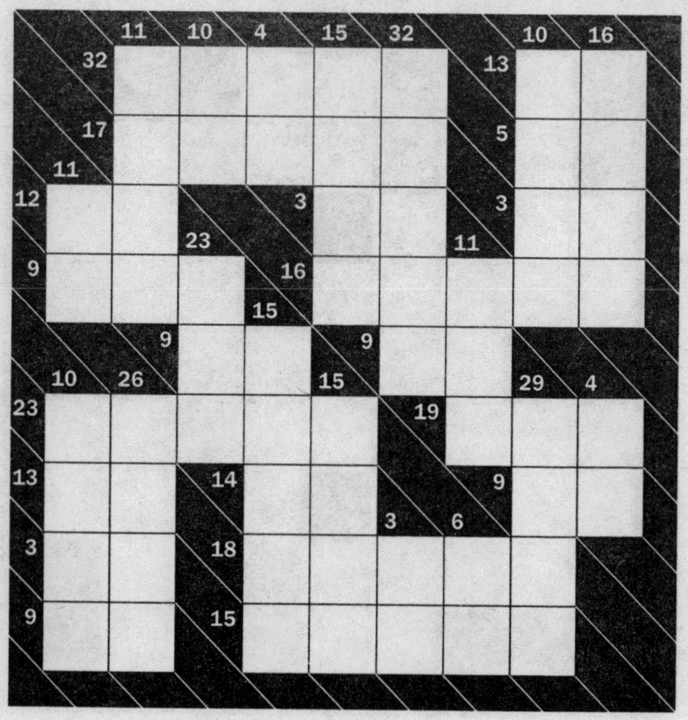

85

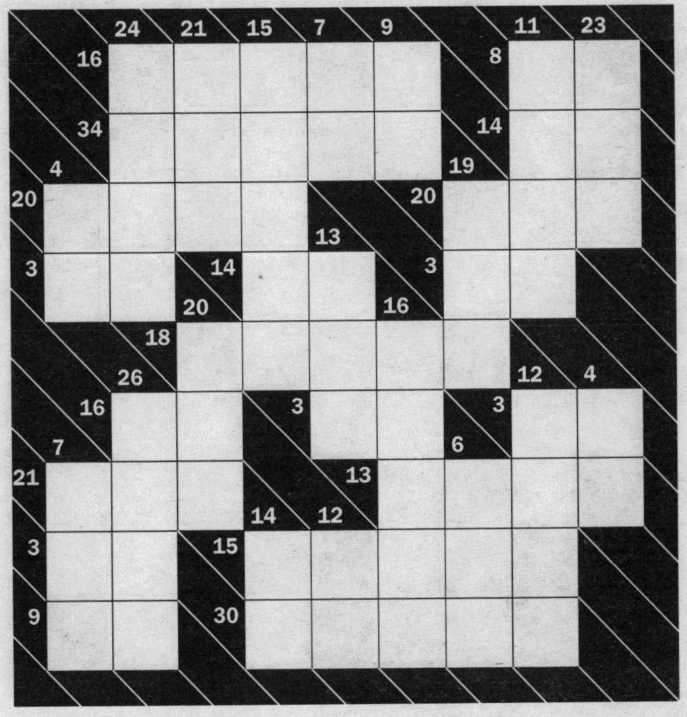

24 21 15 7 9 11 23
16 8
34 14
4 19
20 20
13
3 14 3
20 16
18
26 12 4
16 3 3
7 6
21 13
14 12
3 15
9 30

Tricky

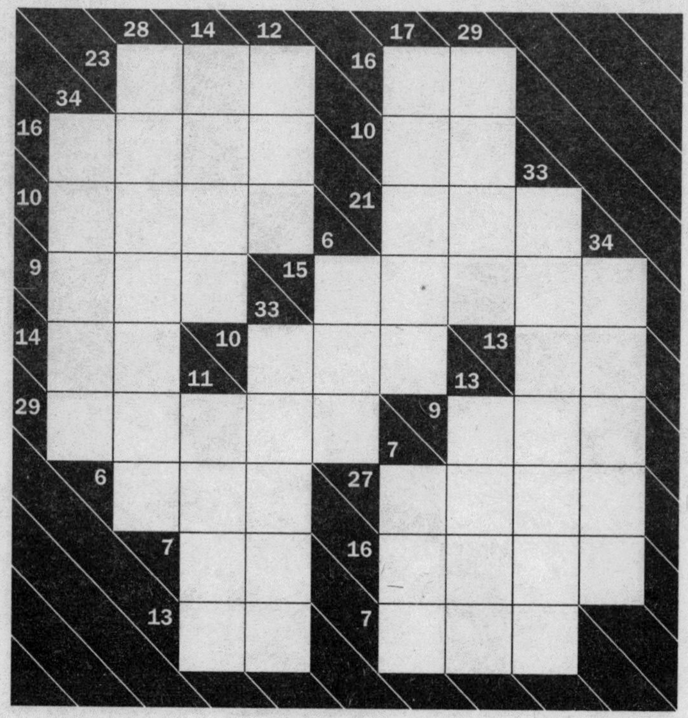

87

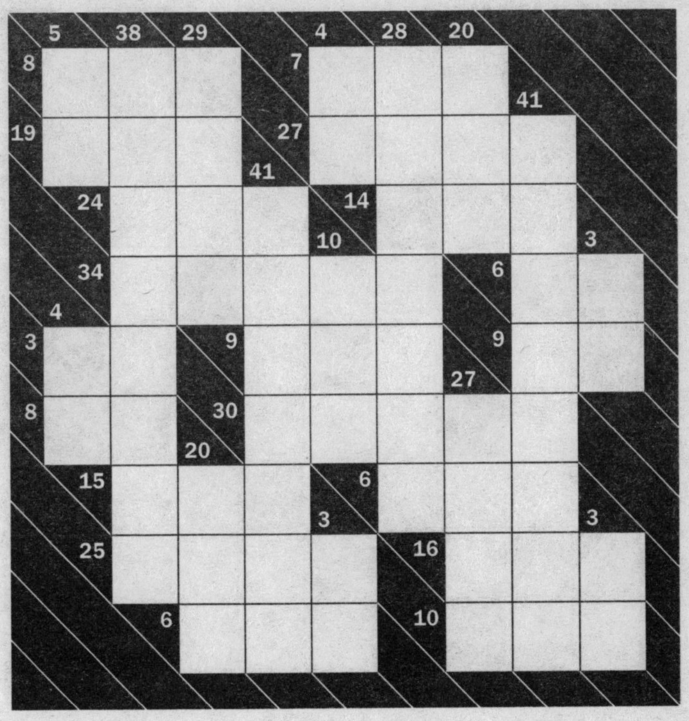

Tricky

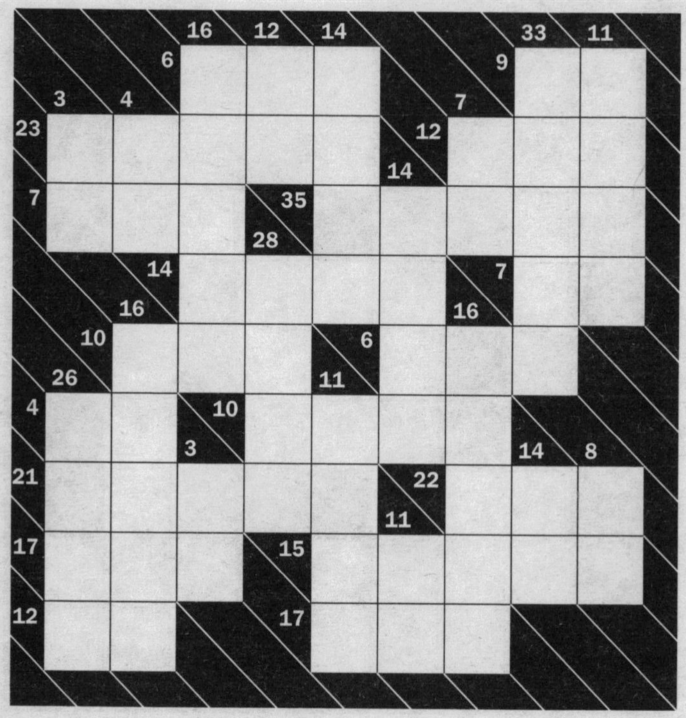

16
12
14
33
11
6
9
3
4
7
23
12
14
7
35
28
14
7
16
16
10
6
26
11
4
10
3
14
8
21
22
11
17
15
12
17

89

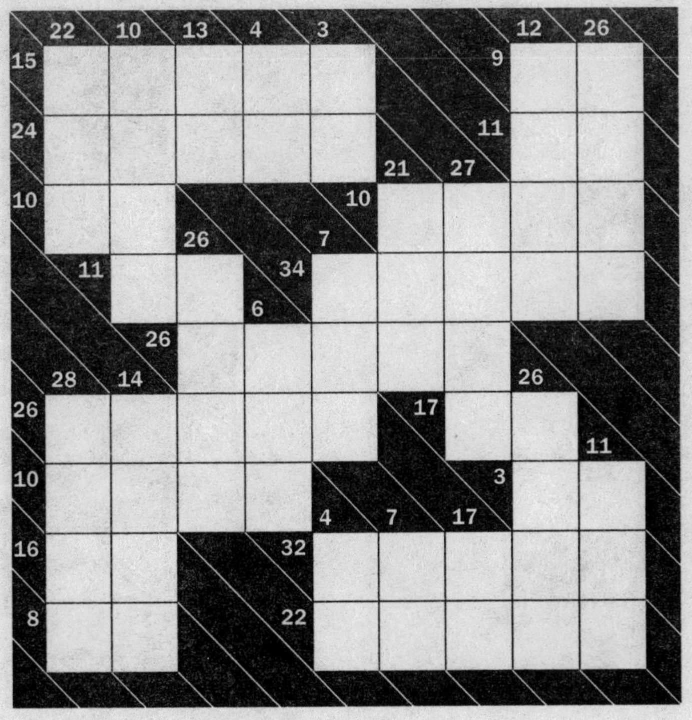

Tricky

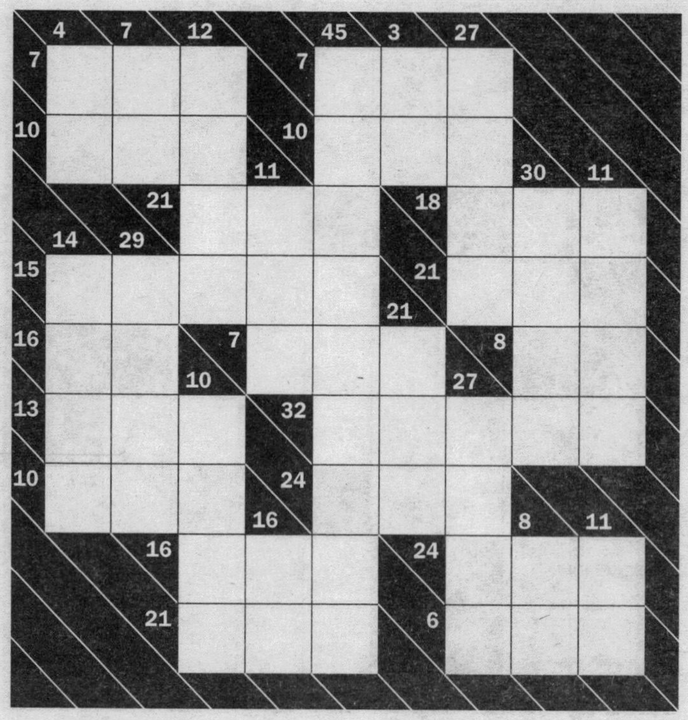

4
7
12
45
3
27
7
7
10
10
11
30
11
21
18
14
29
15
21
21
16
7
8
10
27
13
32
10
24
16
8
11
16
24
21
6

91

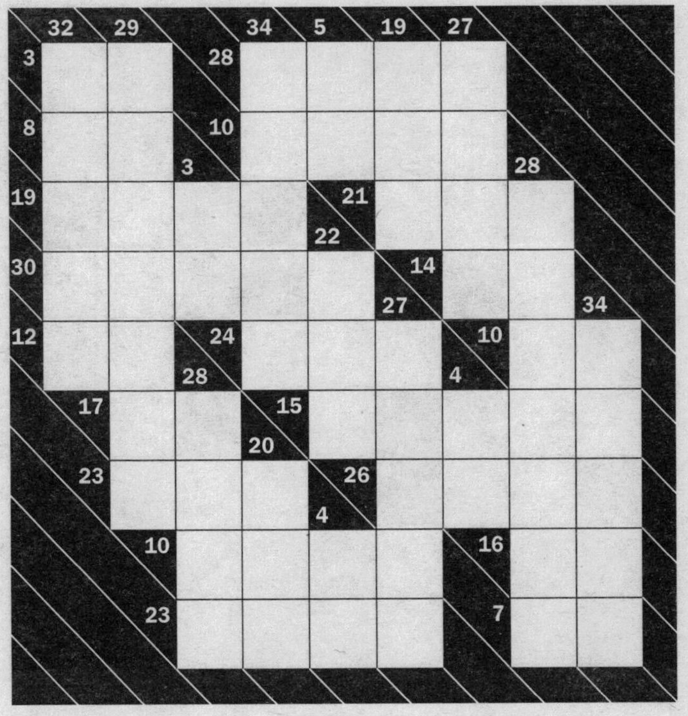

Tricky

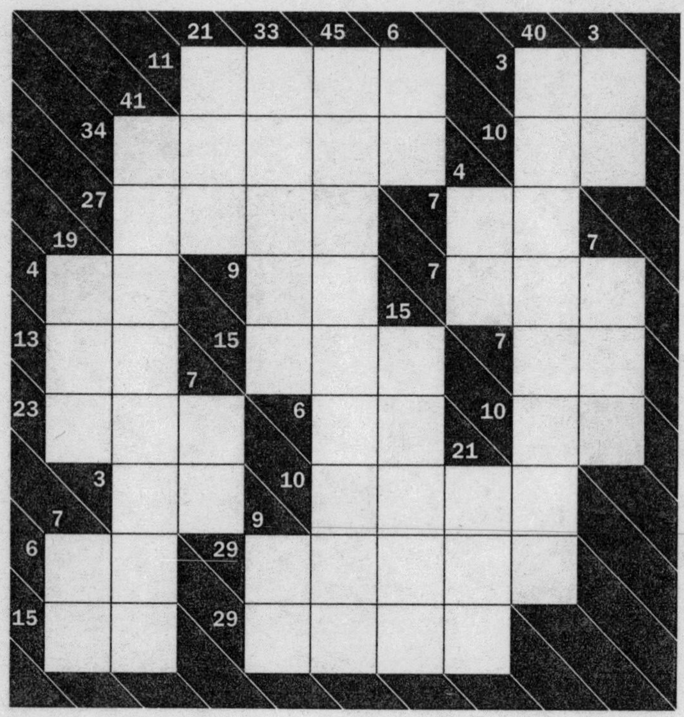

93

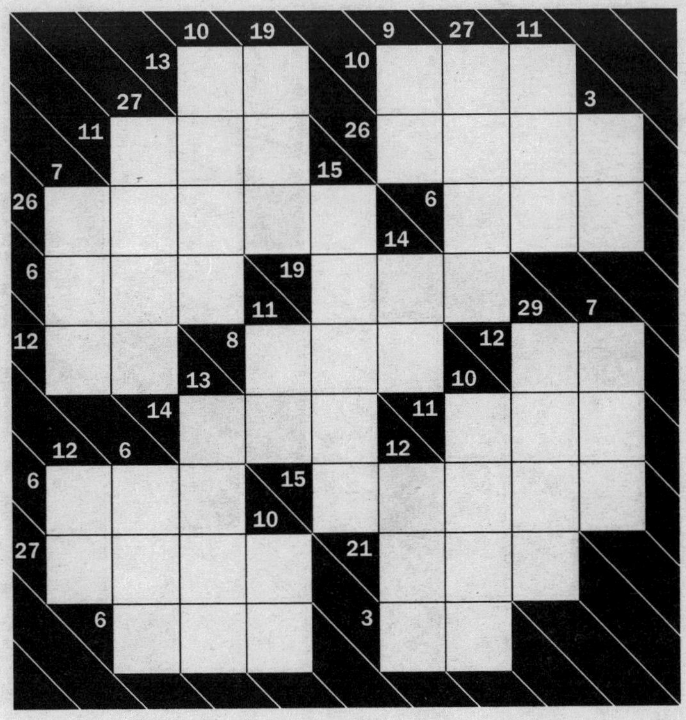

Tricky

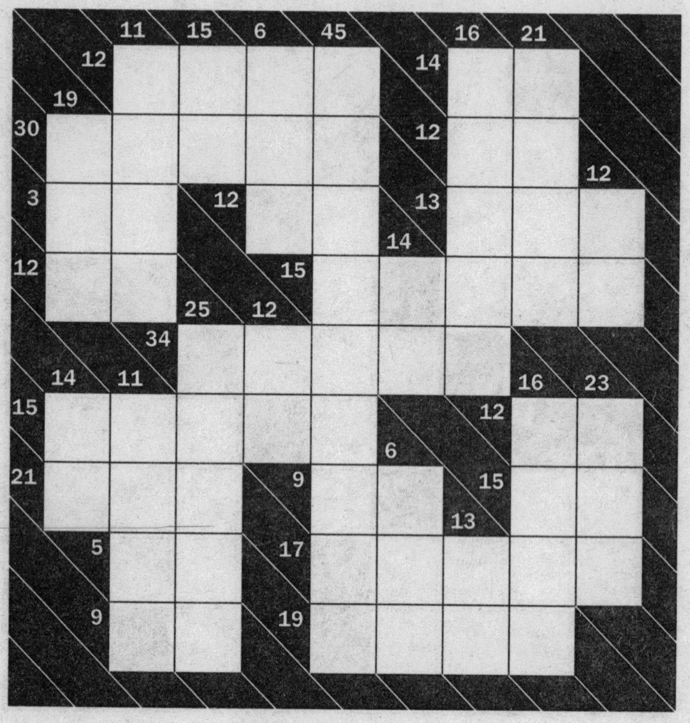

95

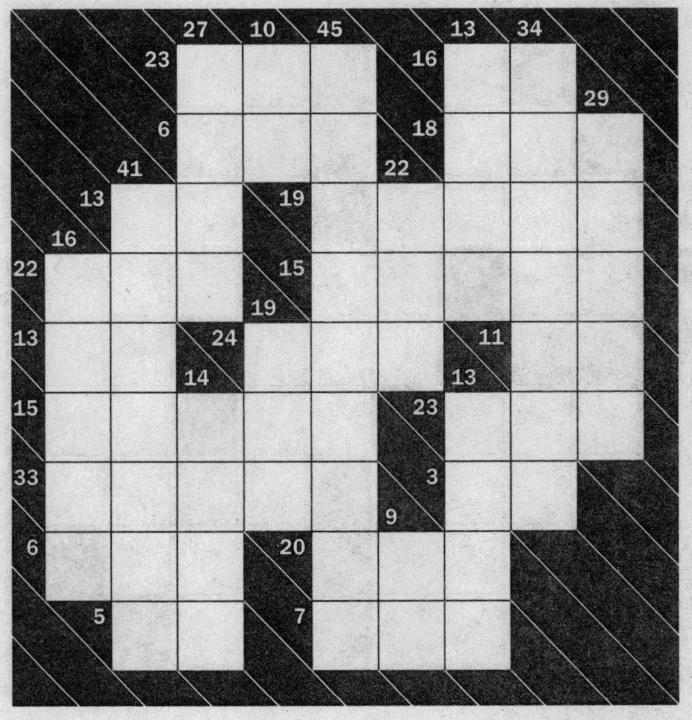

27
10
45
13
34
23
16
29
6
18
41
22
13
19
16
22
15
19
13
24
11
14
13
15
23
33
3
9
6
20
5
7

Tricky

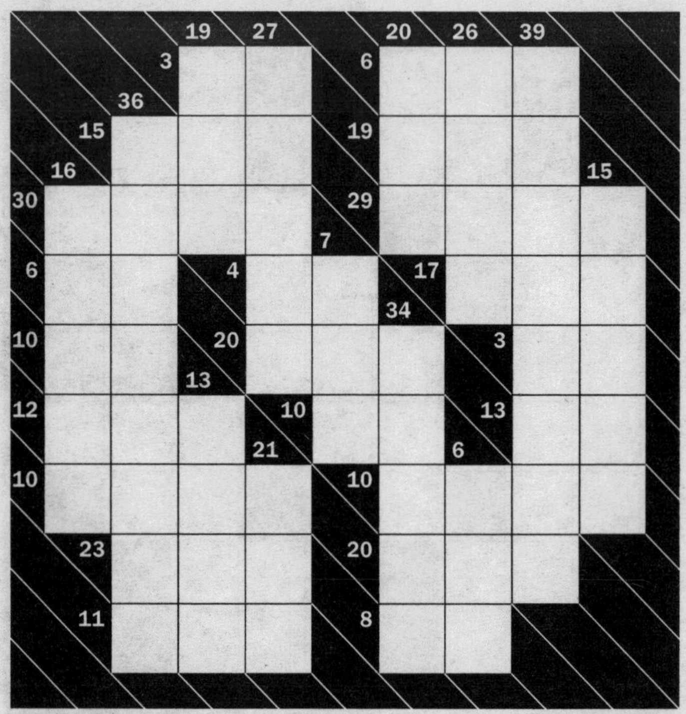

97

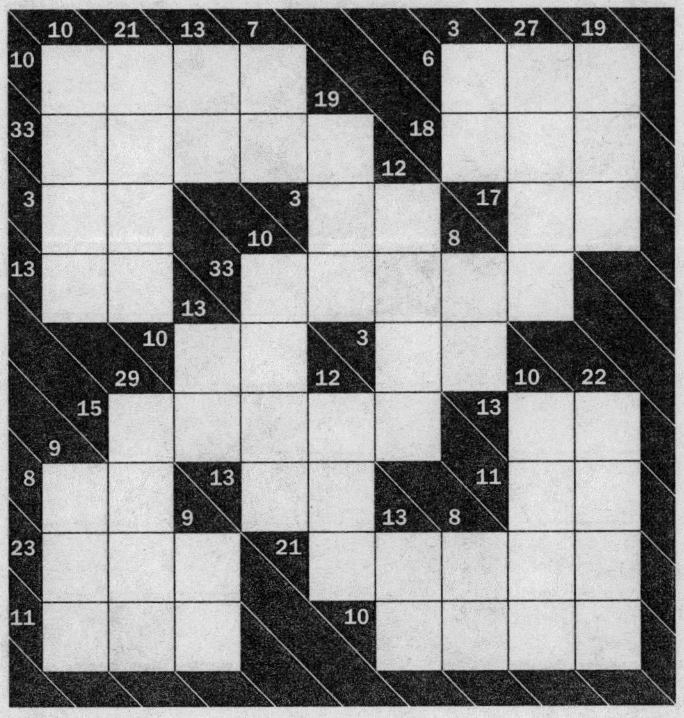

Tricky

10
10
10
22
22
26
11
34
8
15
4
27
4
9
22
10
7
5
33
3
3
4
29
21
10
29
15
16
9
10
21
3
10
13
16
15
8
34

99

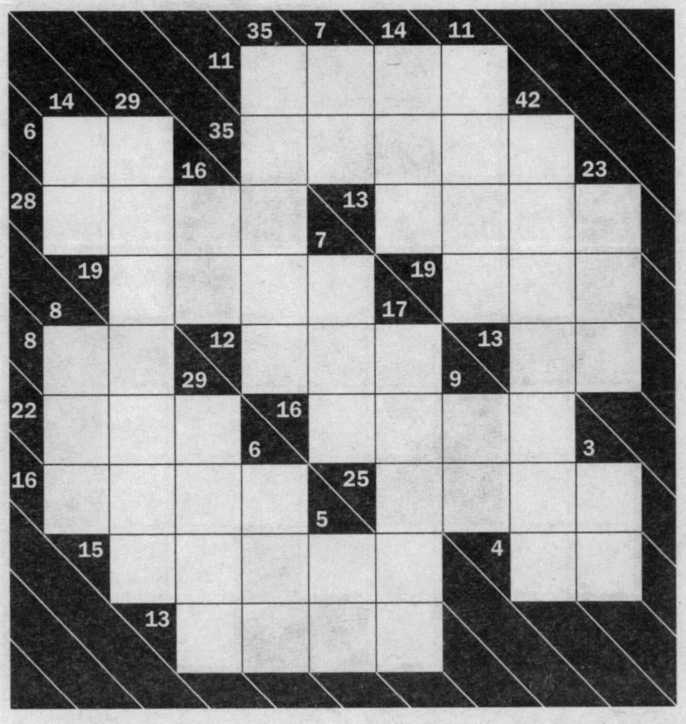
35 7 14 11
11
14 29
42
6
35
16
23
28
13
7
19
19
8
17
8
12
13
29
9
22
16
6
3
16
25
5
15
4
13

Tricky

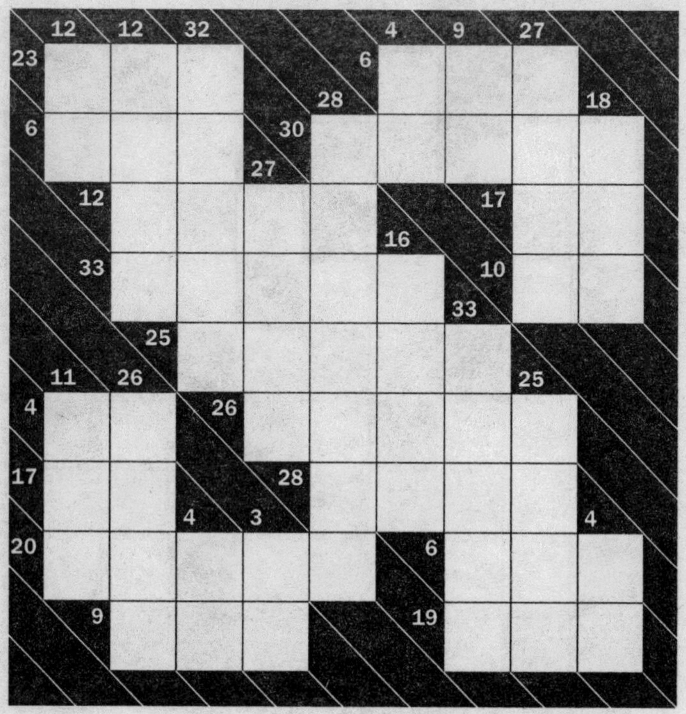
12
12
32
4
9
27
23
6
28
18
6
30
27
12
17
16
33
10
33
25
11
26
25
4
26
17
28
4
3
4
20
6
9
19

101

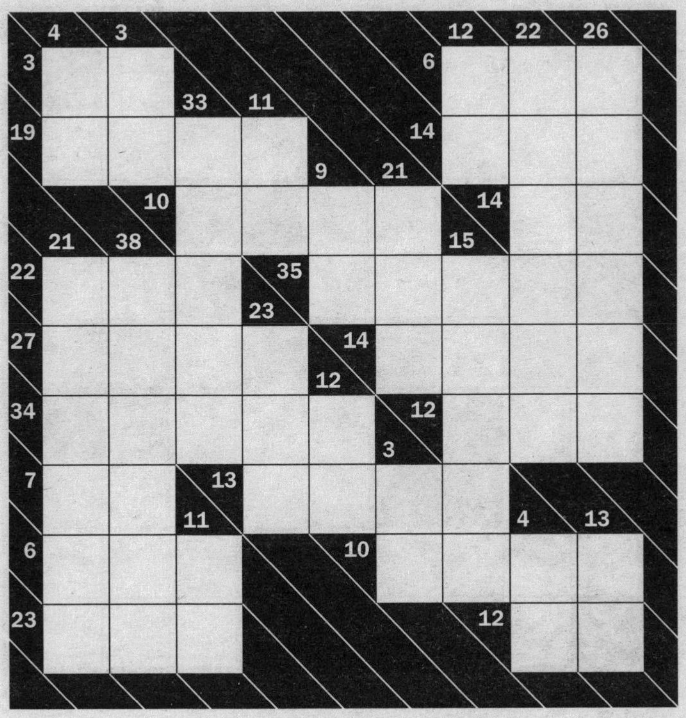

Tricky

102

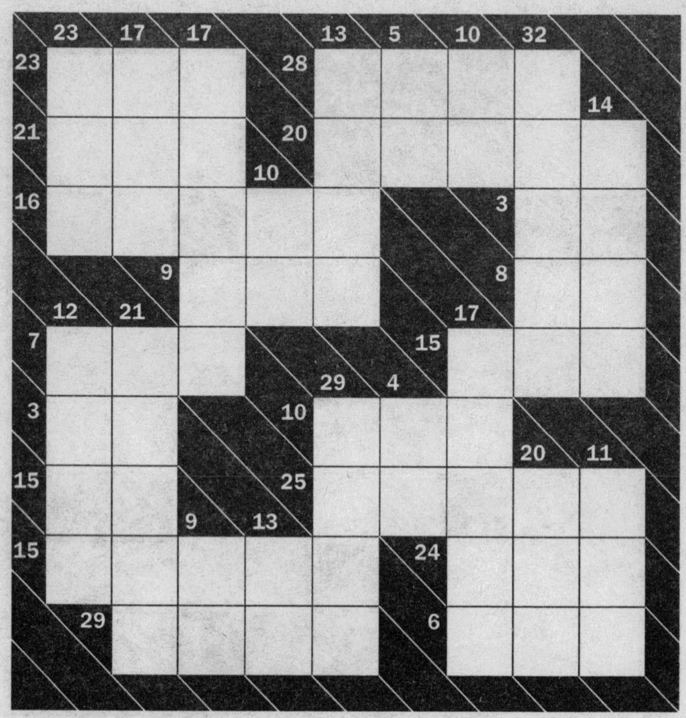

103

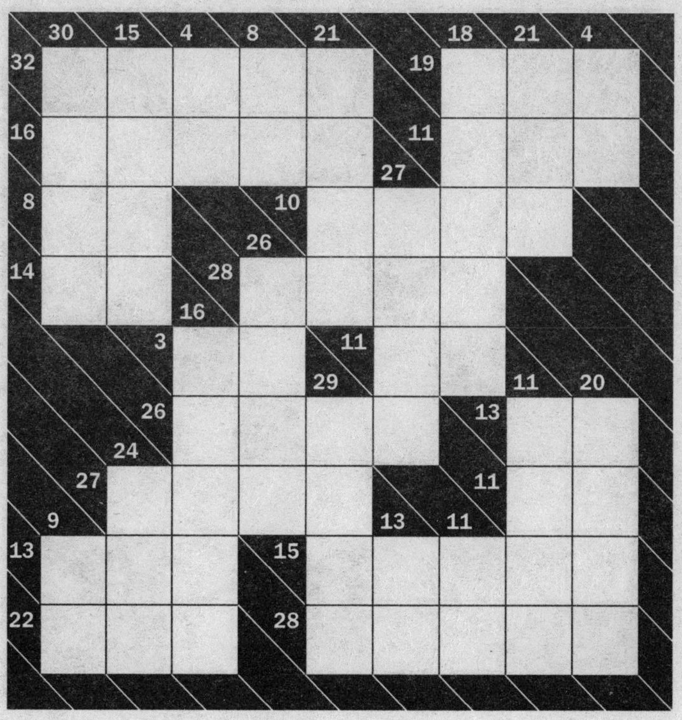

Tricky

104

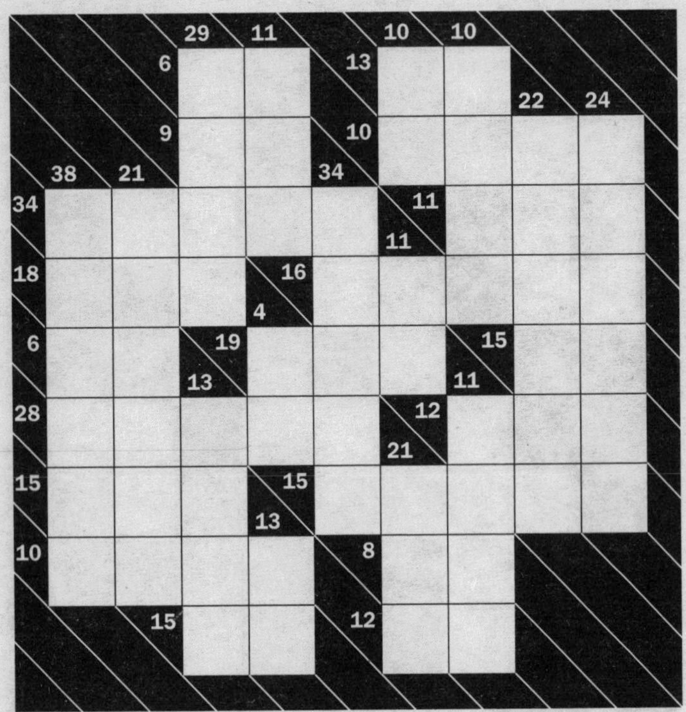

105

Tricky

106

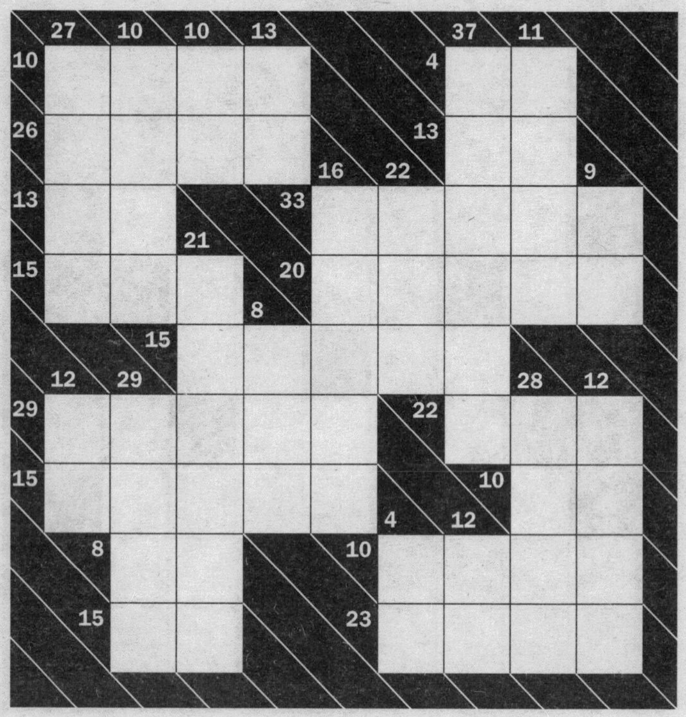

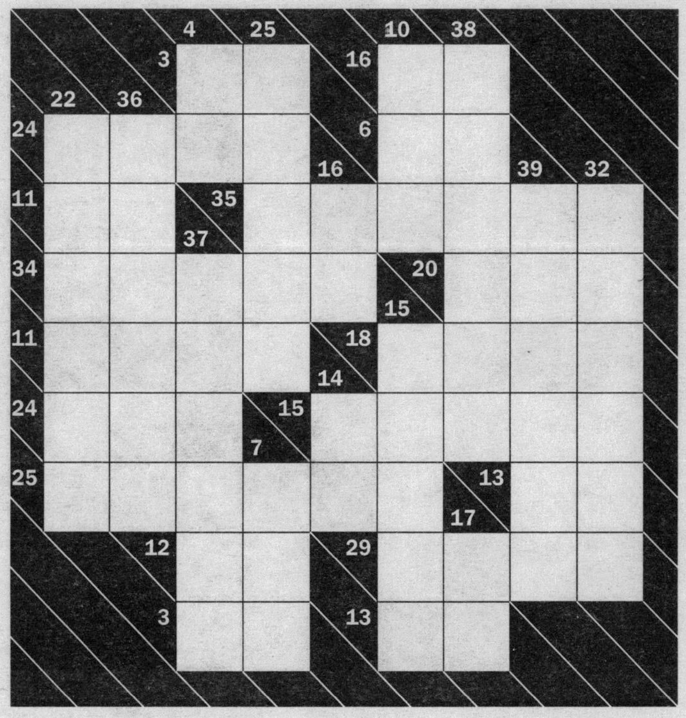
4
25
10
38
3
16
22
36
24
6
16
39
32
11
35
37
34
20
15
11
18
14
24
15
7
25
13
17
12
29
3
13

Tricky

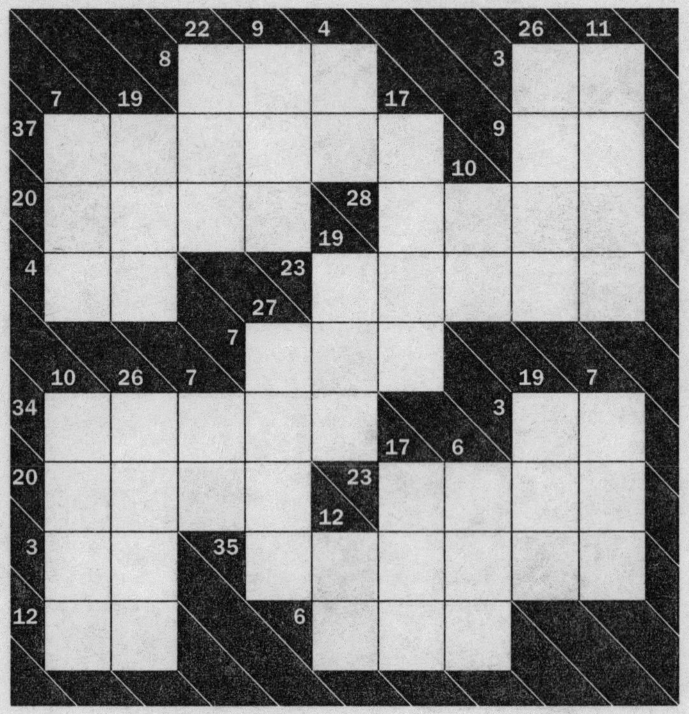

109

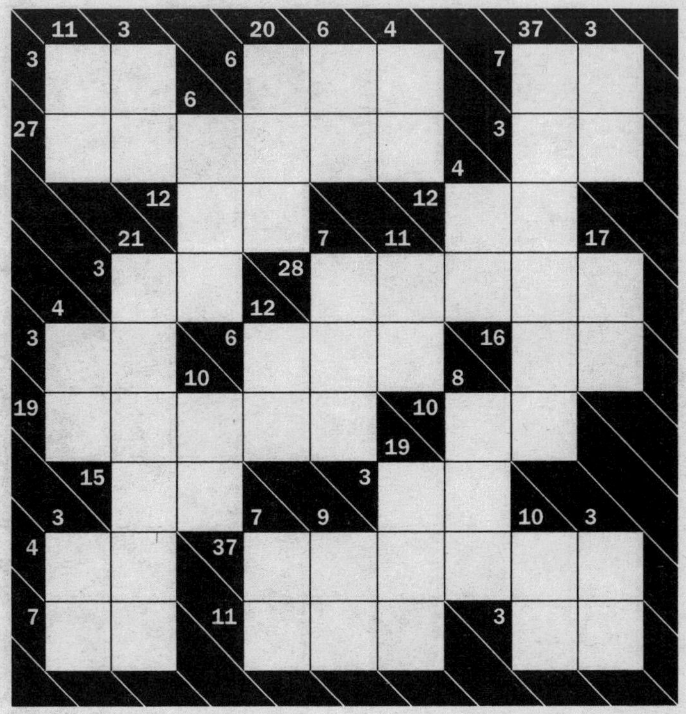

Tricky

110

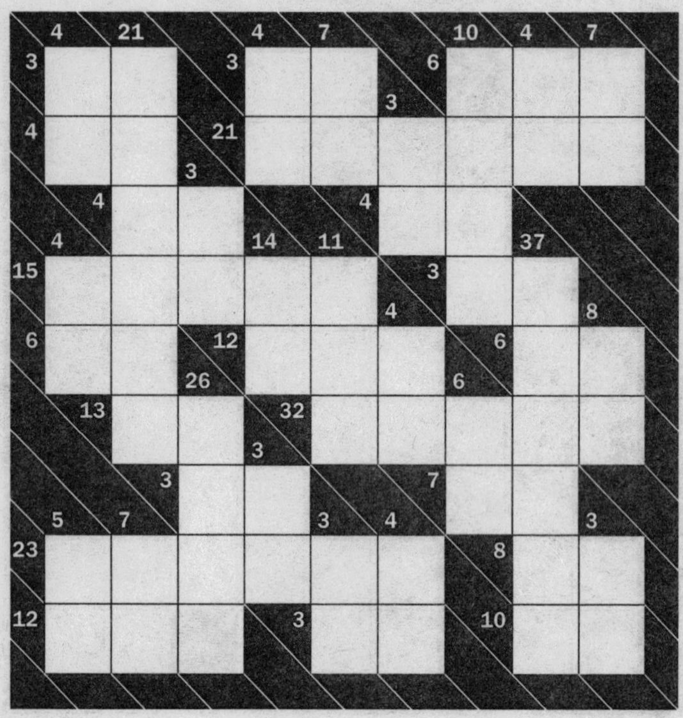

111

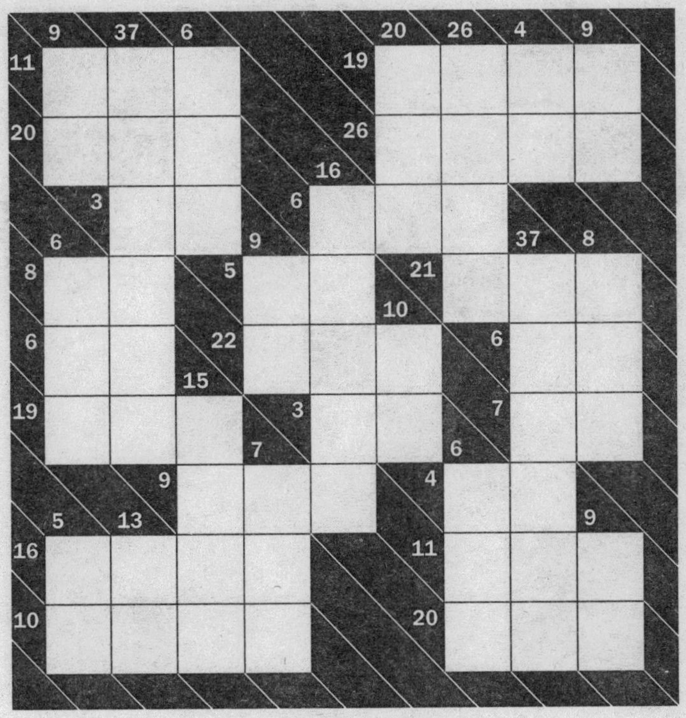

9
37
6
20
26
4
9
11
19
20
26
16
3
6
6
9
37
8
8
5
21
10
6
22
6
15
19
3
7
7
6
9
4
5
13
9
16
11
10
20

Tricky

112

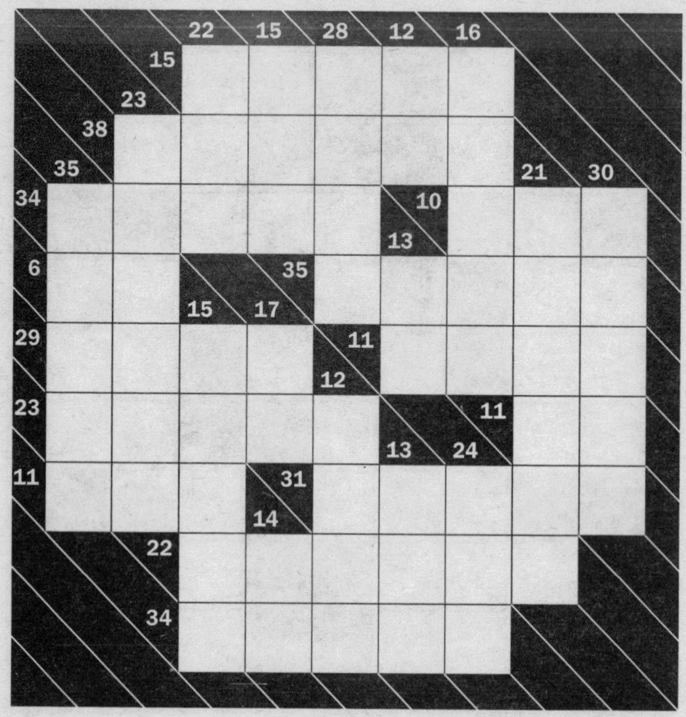

113

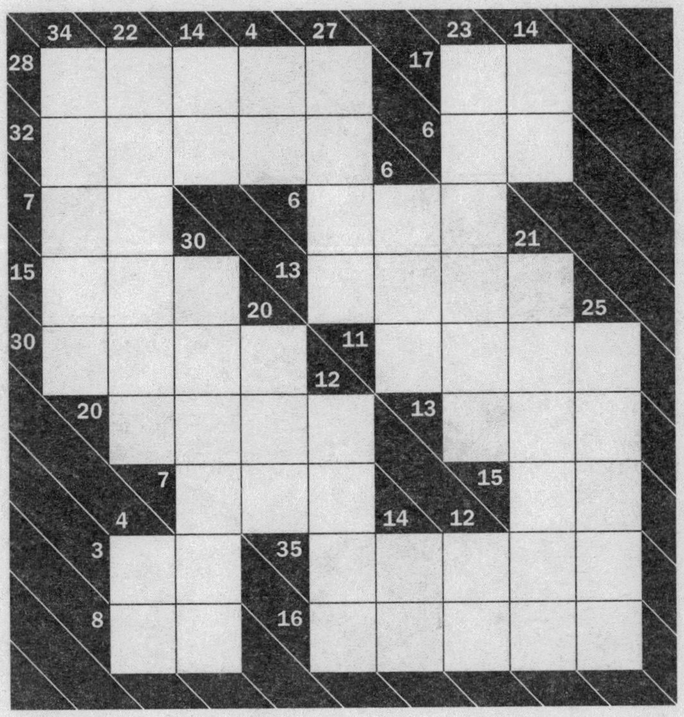

Tricky

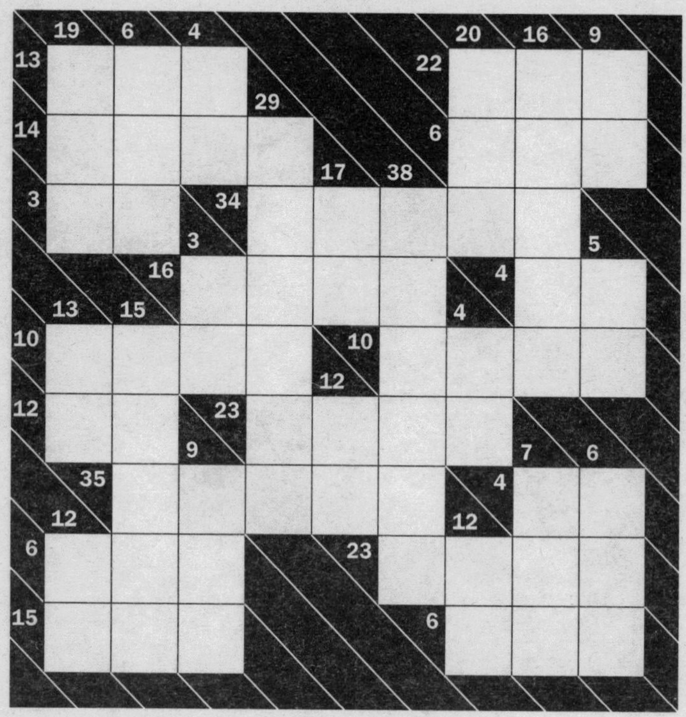

115

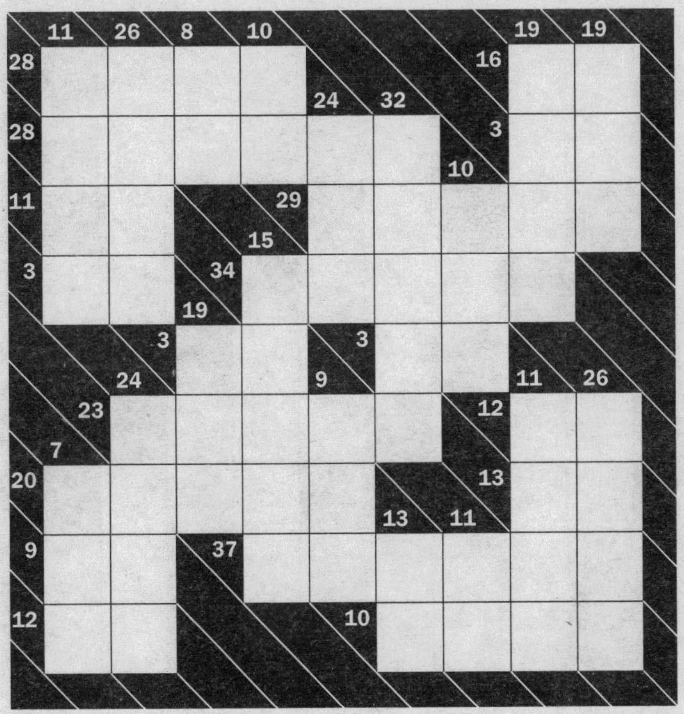

Tricky

116

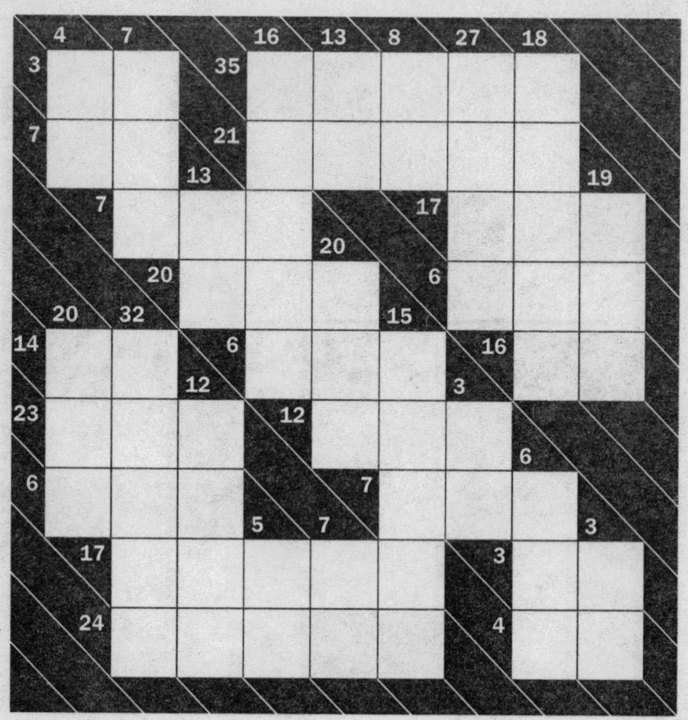

4
7
16
13
8
27
18
3
35
7
21
13
19
7
17
20
20
6
20
32
15
14
6
16
12
3
23
12
6
6
7
5
7
3
17
3
24
4

117

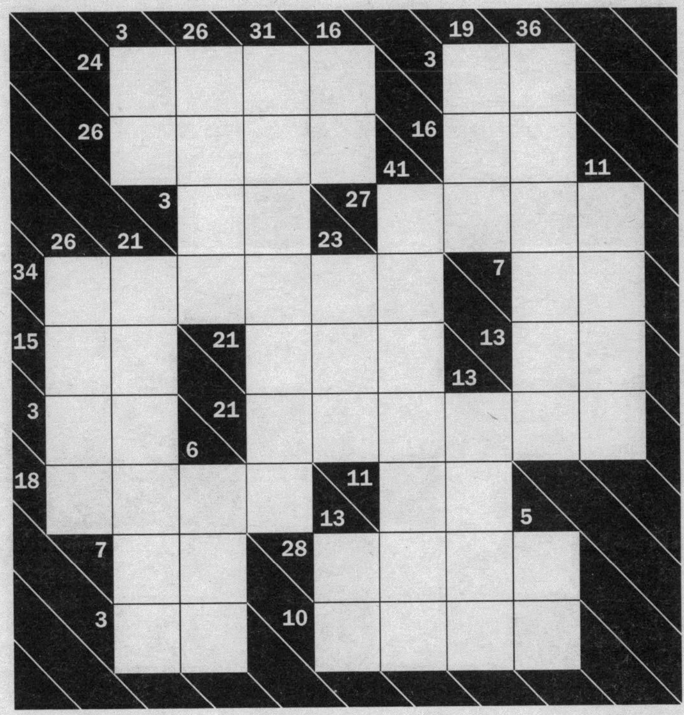

Tricky

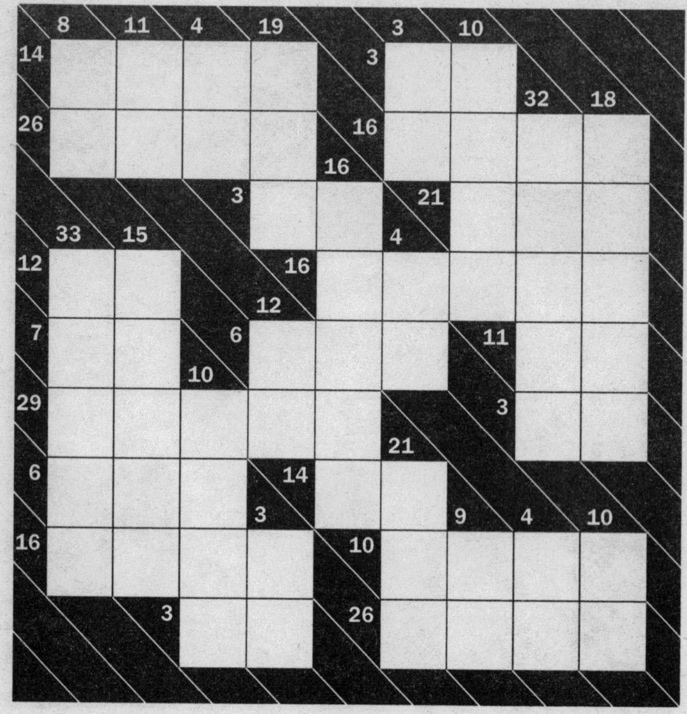
8
11
4
19
3
10
14
3
32
18
26
16
16
3
21
33
15
4
12
16
12
7
6
11
10
29
3
21
6
14
3
9
4
10
16
10
3
26

119

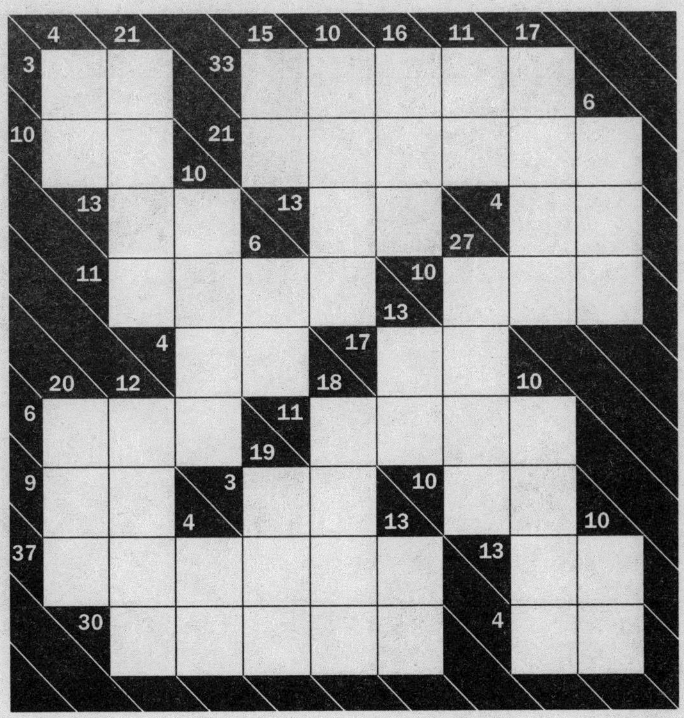

4
21
15
10
16
11
17
3
33
6
10
21
10
13
13
4
6
27
11
10
13
4
17
20
12
18
10
6
11
19
9
3
10
4
13
10
37
13
30
4

Tricky

120

121

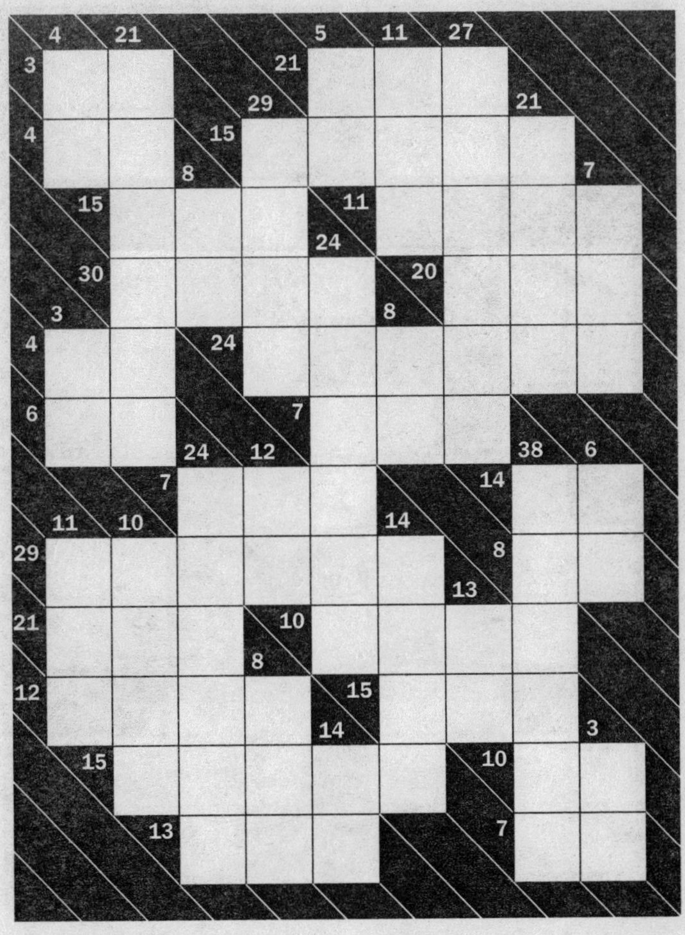

Difficult

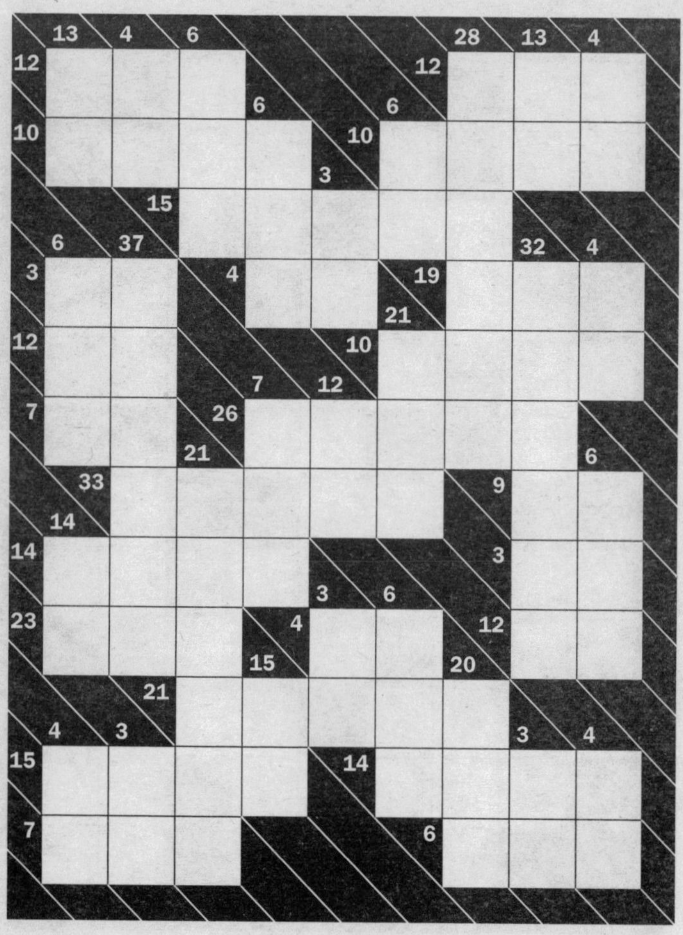

123

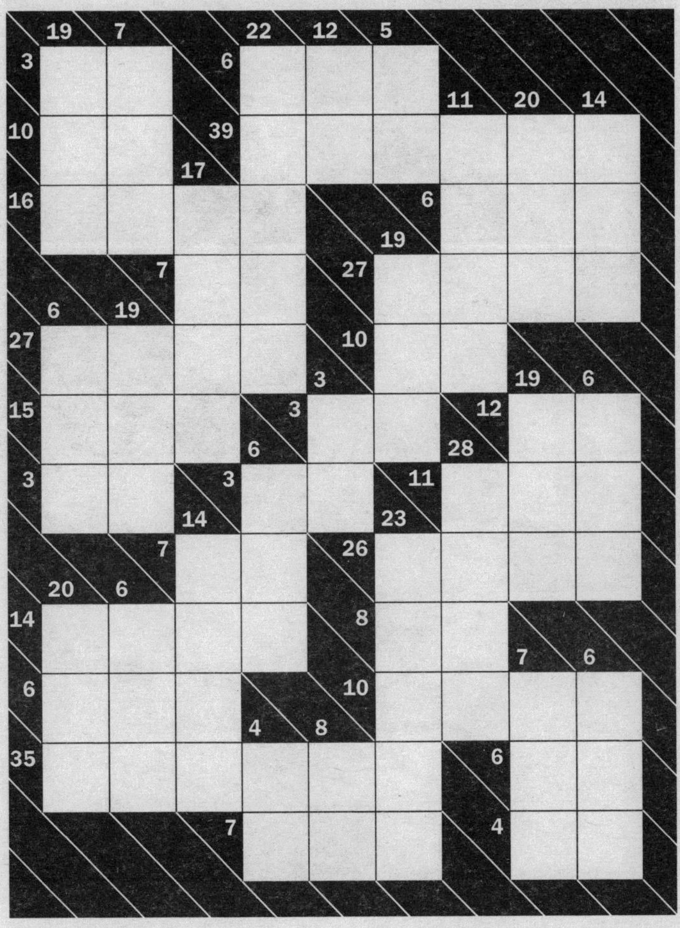

Difficult

124

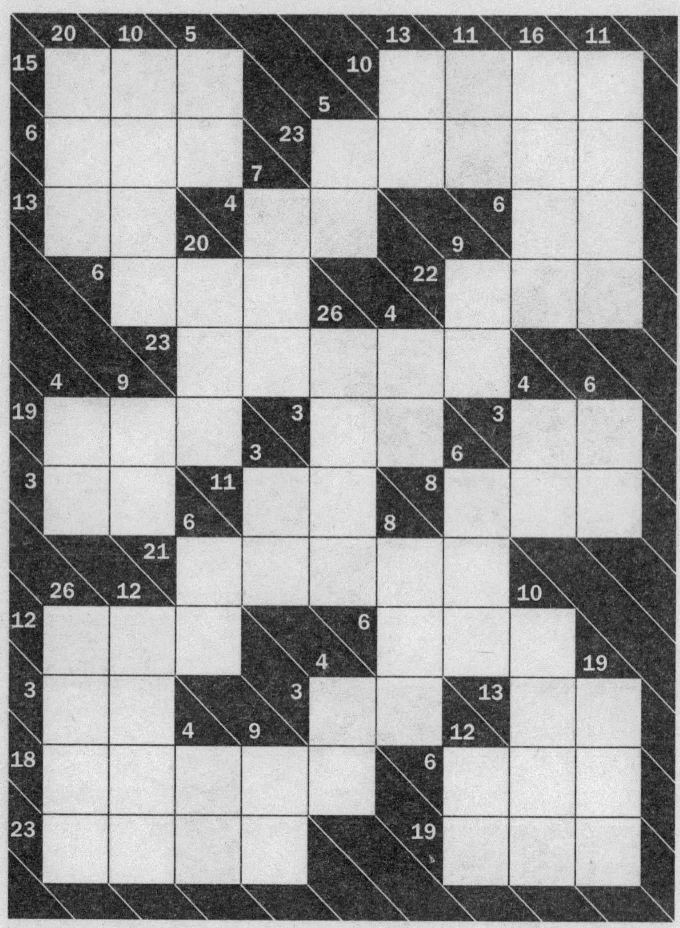

125

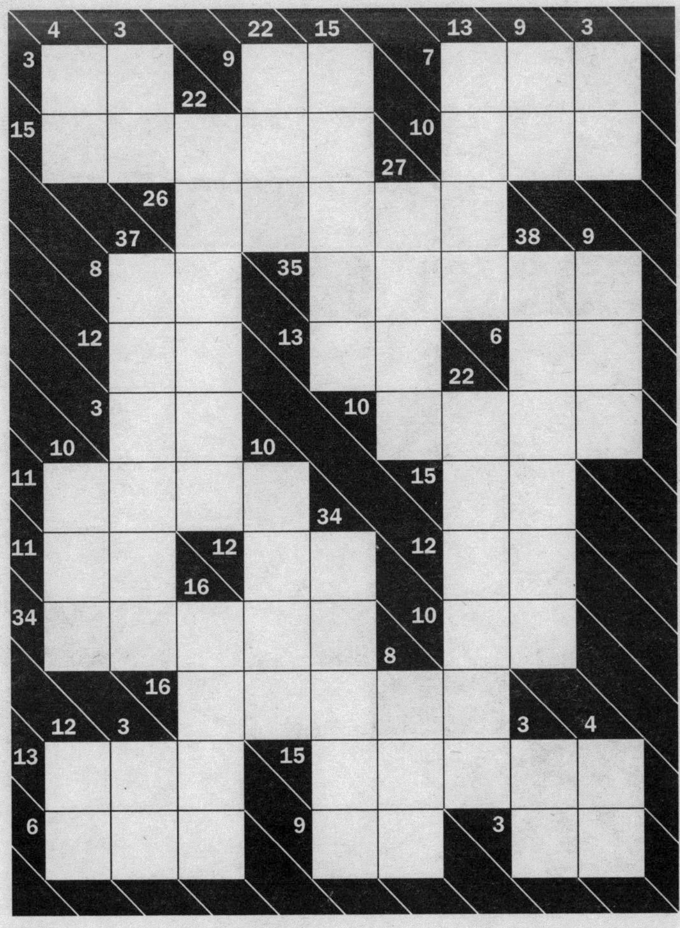

Difficult

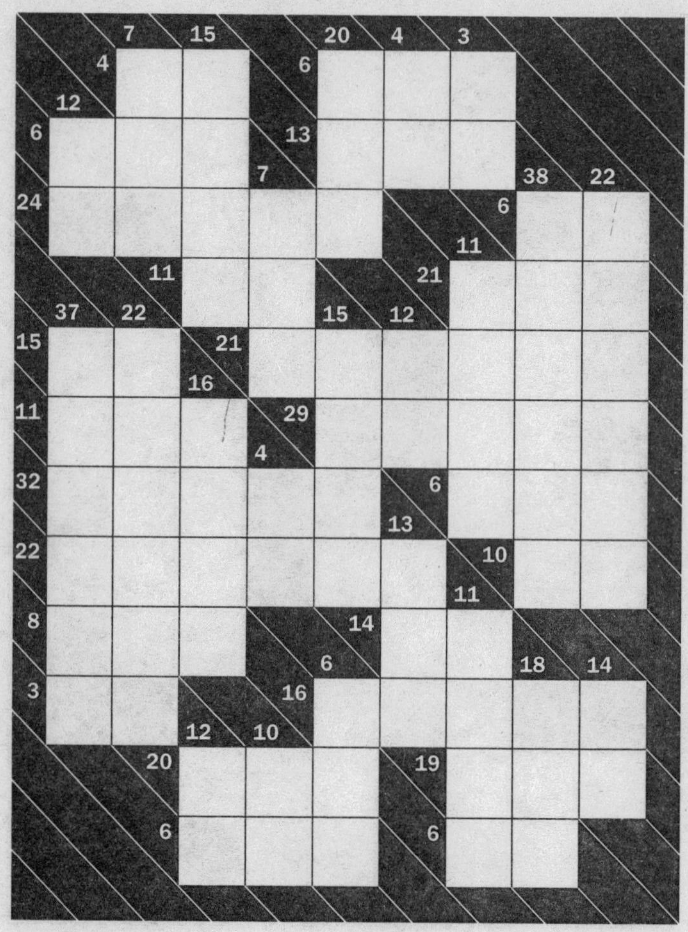

7
15
20
4
3
4
6
12
6
13
7
38
22
24
6
11
11
21
37
22
15
12
15
21
16
11
29
4
32
6
13
22
10
11
8
14
6
18
14
3
16
12
10
20
19
6
6

127

Difficult

129

Difficult

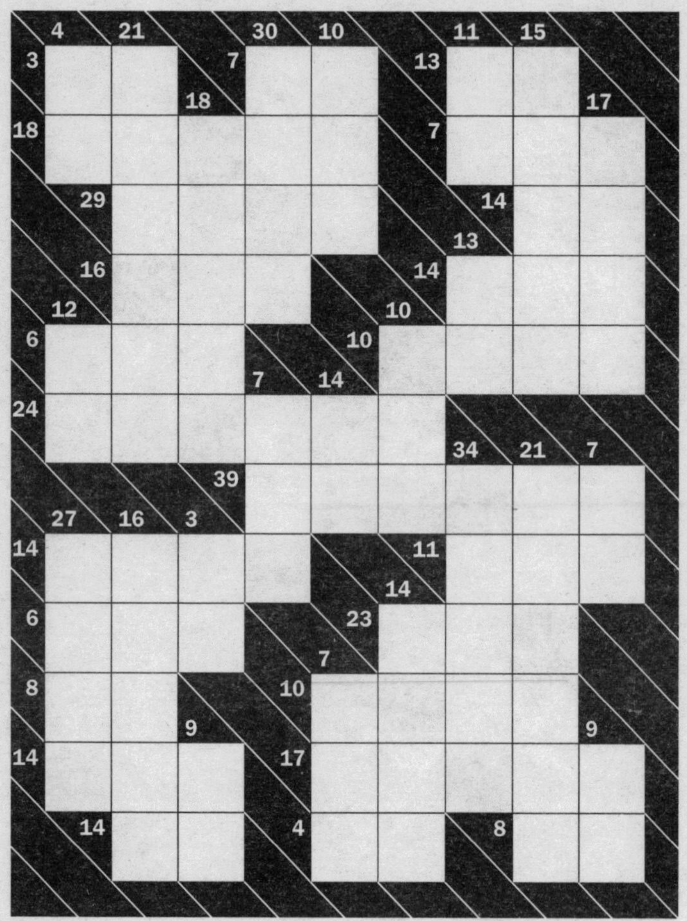

131

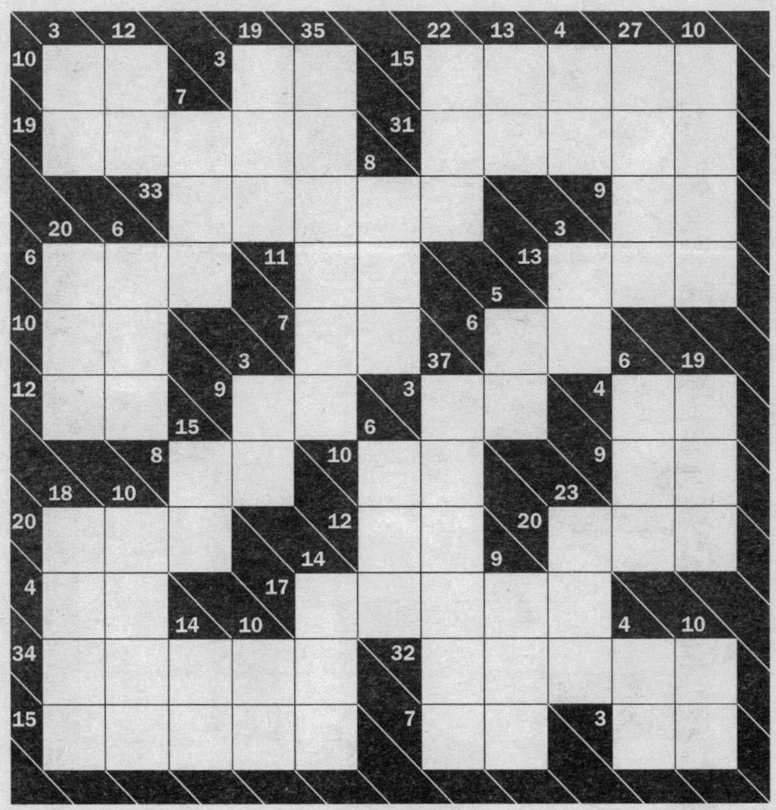

Difficult

132

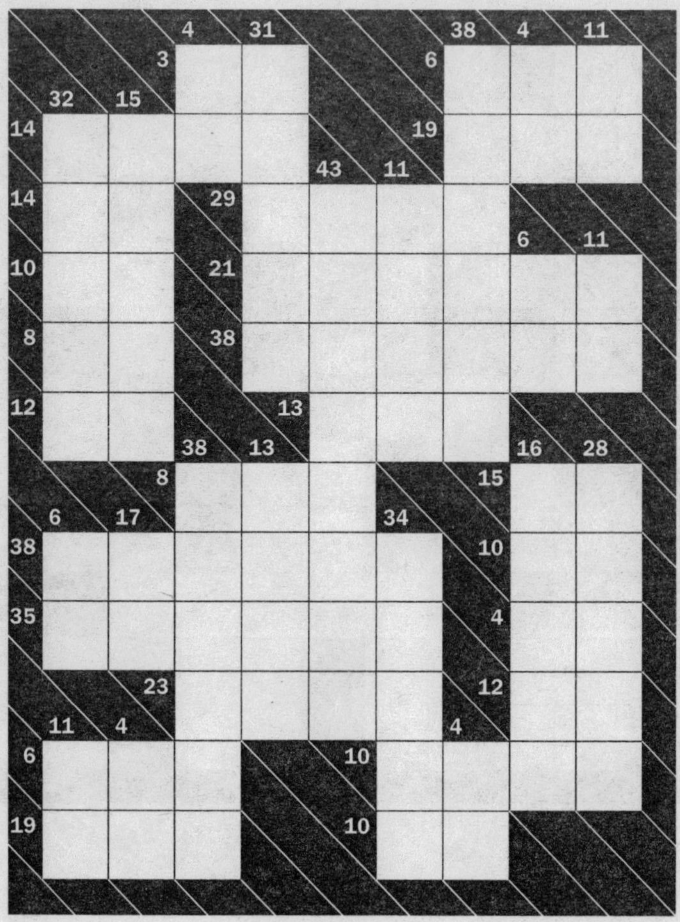

133

Difficult

135

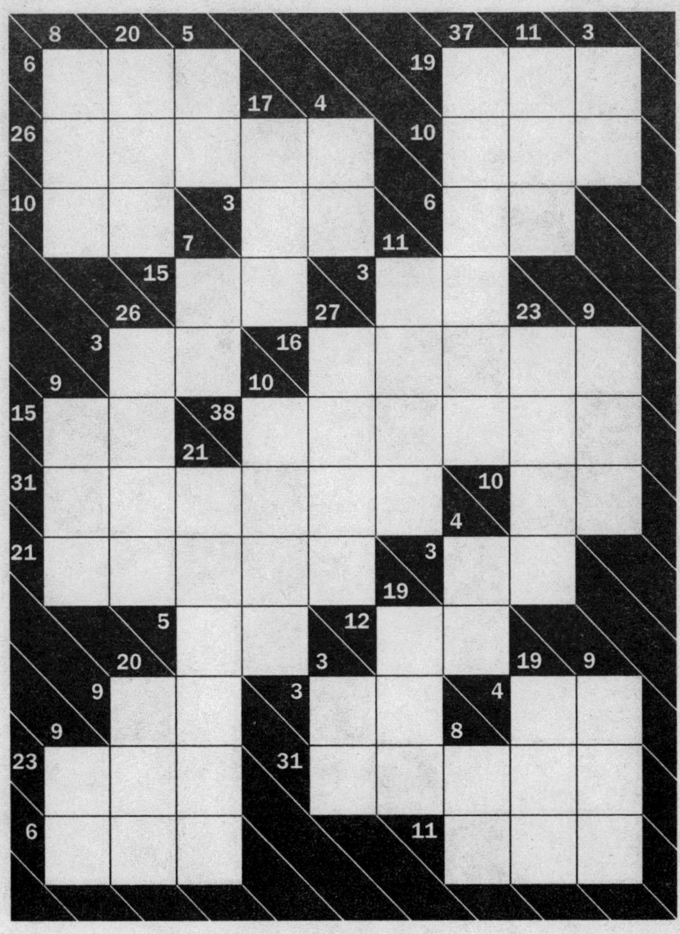

Difficult

137

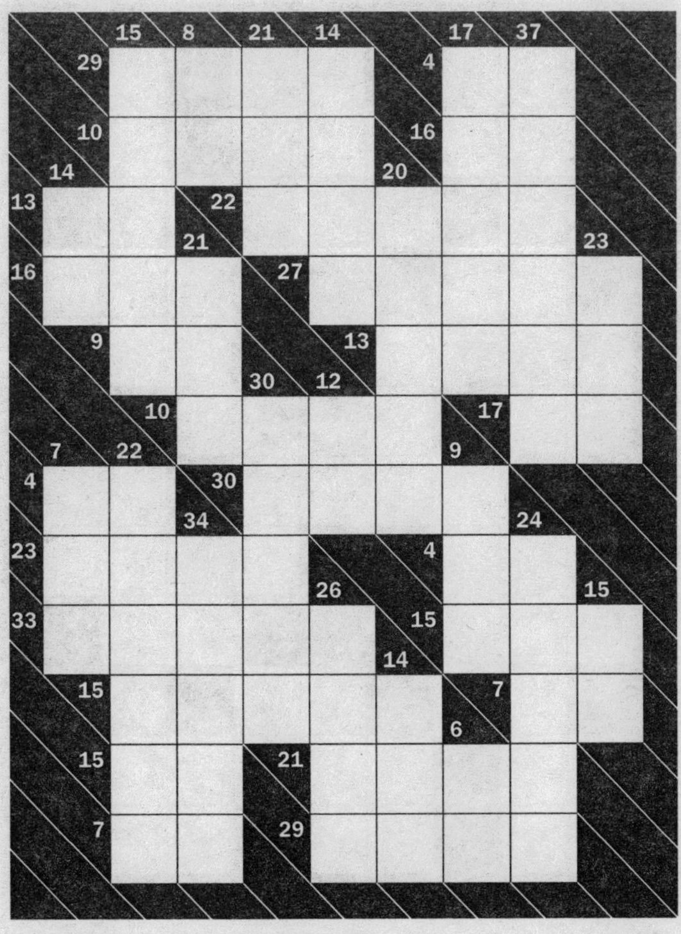

Difficult

139

Difficult

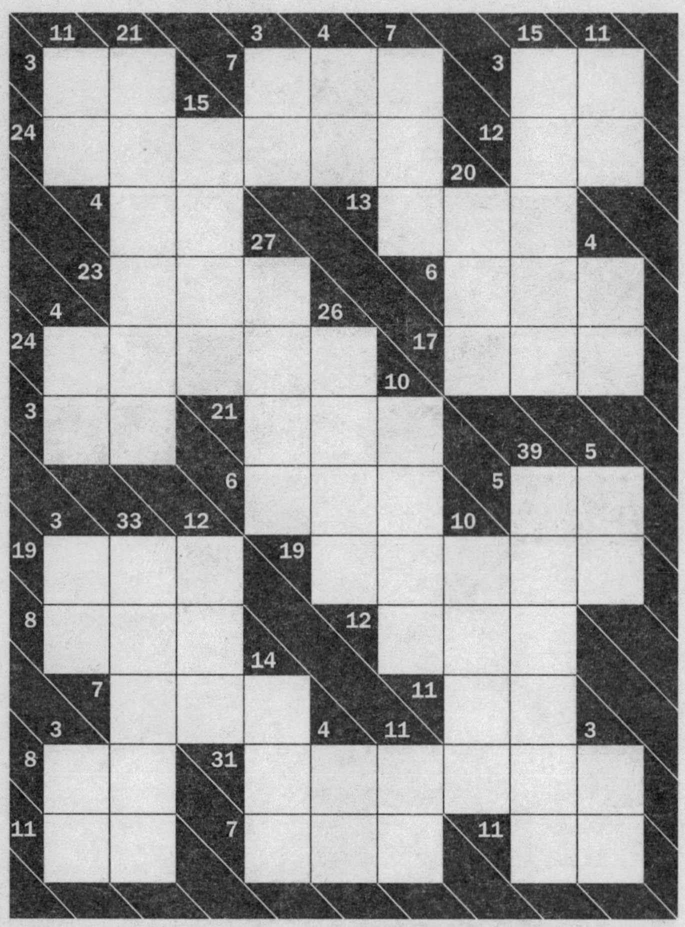

141

Difficult

143

Difficult

144

145

Difficult

147

Difficult

148

149

Difficult

150

151

Difficult

152

153

Difficult

154

155

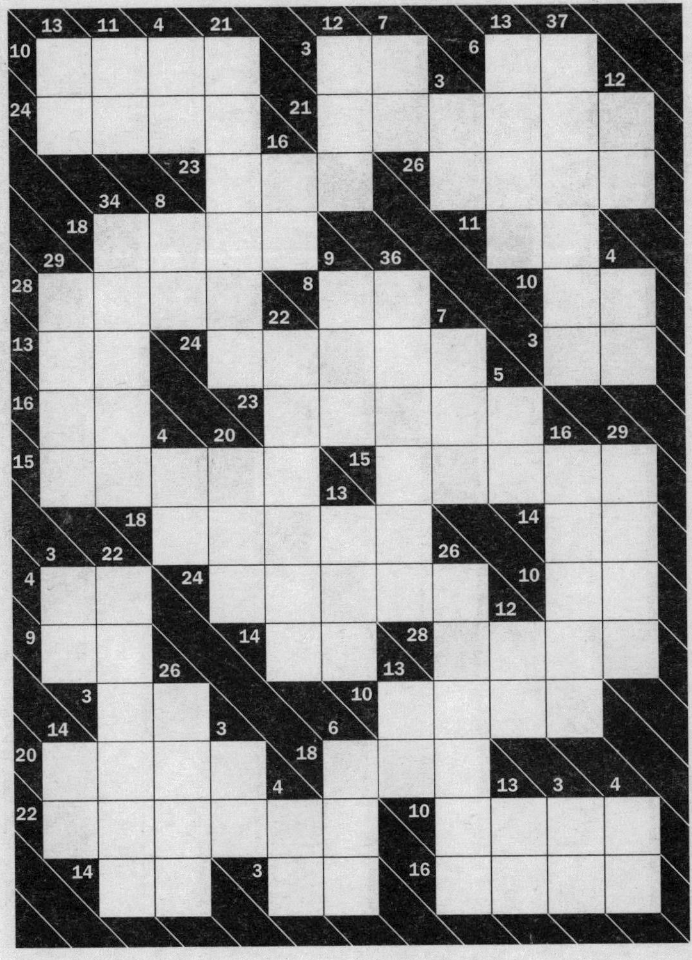

Difficult

157

Difficult

159

Difficult

160

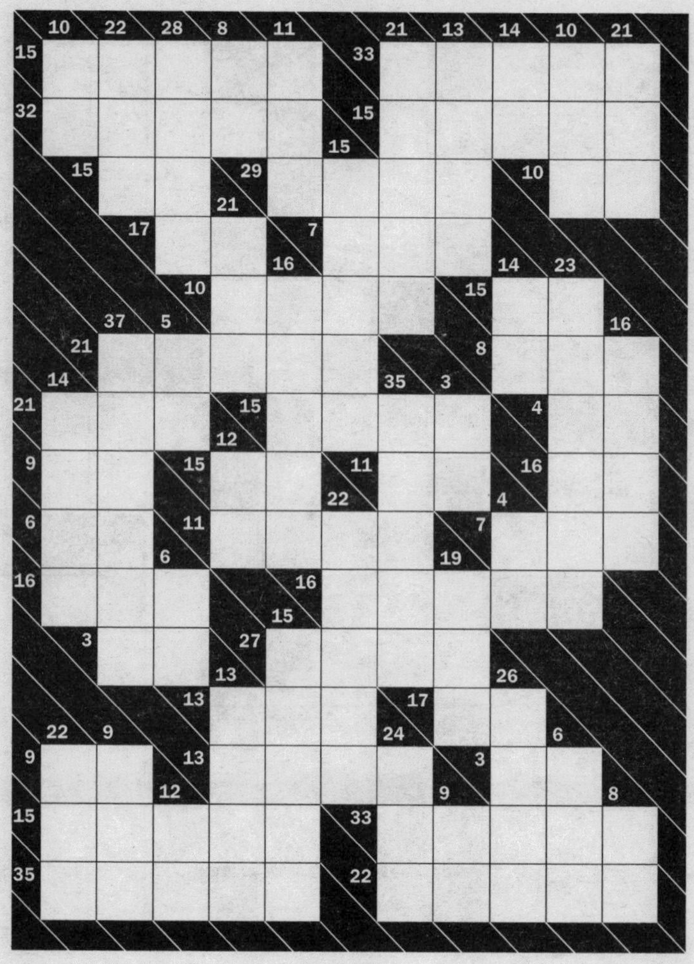

161

Sudo-kuro Hybrid

■	■	12\	14\	21\	24\	4\	16\	24\	14\	■	45\
■	\37								5	38\8	
■	45\21					40\24		1			
\6		33\32	1						13\7		3
\11		4	26\14				\20				
\15		2	5	\16	7		29\14			6	
\16				24\19				\10		1	2
\21	5				\7			21\17		9	
\12					21\17		6		18\16		
\12			5\28	6				7		7\5	5
\25						1\20	7		6		■
\9		\36			4	1			8		■

163

■	9\	■	21\	19\	21\	7\	4\	■	5\	32\	36\
\2		8\26						26\17		9	
\28			3			30\	23\17	5		1	
■	8\31				3				12\14		6
\8		37\7		26\30		2		4			1
■	28\19				17\26		5				
\8			11\26	9		1			28\11		
\29	4						18\16				3\
\38				7				19\4		13\3	
\4			13\41								6\
\25	9			3	7\	8\20	6				
\10		4		\33						\2	

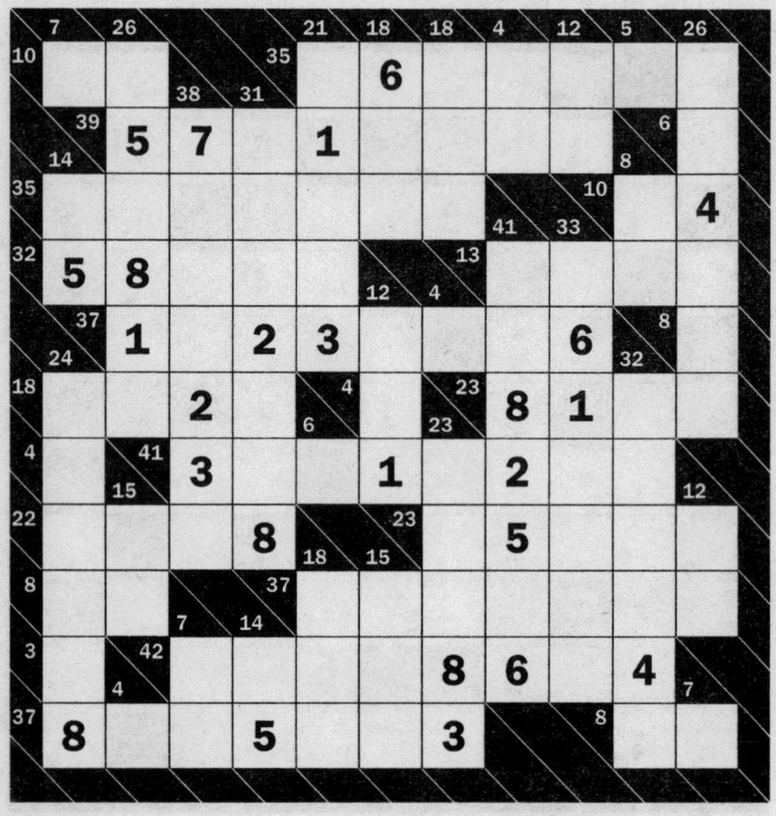

165

Sudo-kuro Hybrid

	30\	44\	21\	■	21\	9\	■	45\	14\	3\	22\
\16				\12			16\17				
\18				45\18					4	\9	
\25				7	2	22\16	1		9	42\4	4
\13	9		13\21					1	21\11	8	
\33					5		29\12				■
■	\45					3	9	5			23\
■	15\18			9	24\27				6	5	
\3			11\31						10\11		
\3		\17				14\25	2	8			
\7		1\26	2					\12			8
\16					\15			\14			

167

		16	41		4	18	29	20	5	13	36
	1\8			28\37		3					
18		3		5	14\18			6	\9		
	44\36			8	1				40\9		5
5		12\37				1	8		9	20\3	
31				9		5\6		25\8	4		
21		9			27\5		13\19				
12		1		17\5		22\28			6		4
4		17\39				7			3	12\2	
10			\35								9\
10			4\13				3\22		7		
38					8		3	\7			

Sudo-kuro Hybrid

■	↓8	↓9	■	↓8	↓14	↓18	↓24	■	↓23	↓39	↓7
→10			↓24 →16		6			↓31 →19		8	
→4		↓4 →41									↓27
→15	3	4		↓37	↓7 →30			1			
■	↓28	↓32 →45							8	3	
→11		6	↓21 →10			↓4 →24			1		
→22			1		↓24 →4		↓11 →19			2	
→17			4		3	↓23 →13			↓22 →15	6	9
→45			6	2	1	7		4		↓5	↓11
→33			2		9		↓10	↓14 →12			
■	↓9 →43								7	↓1 →2	
→16		2		→20			4		→9		

169

■	■	20\	8\	15\	33\	12\	■	24\	5\	20\	45\
■	\26				1		9\19				7
■	45\32							8	32\13		
\14			34\	7\31						1	
\4		11\18				10\23					
\33							36\3			5\9	
\10				23\18				11\17			
\7		14\6		2	12\32			5			
\27				3		23\17				20\1	
\37	2		7					10\	8\8	5	
\5			3\40		3					7	■
\19	5			4	\26		6		2		■

Sudo-kuro Hybrid

171

\	14\	4\	1\	25\	11\	\	10\	\	16\	22\	24\
\21				2		45\9		14\15			
\7		22\	27\38								
\21					26\7		27\17				
\	13\34							4	25\11		
\45	4		7			5				17\	9\
\18				20\14				31\13		4	
\	18\	19\45					4			9	
\6			17\39			9				3	12\
\17			4		8\8	8	8\20		9		
\43									4\	6\2	
\16				\1		\28					

173

Sudo-kuro Hybrid

174

	24	36	25	45	16	11	22			4	6
39	8				9			■	18\6		
41			9					45\3	3	\1	
29		7		5	5\13					41\3	3
19						16\26					13\
■	6\4		20\41				7		2	6	
18					24\2		10\25		1		
36					3	5			27\9		26\
■	15\14			1		18\31					7
3		\17					13\25			2	
7		9\2	2	\36			9			1	
14			■	\31							

175

	↓9	↓15	↓24			↓7	↓21	↓25	↓16	↓11	↓38
→18	9			↓17	↓16 →27						
	↓2 →22					↓33 →23					
→2		↓22 →34						8	5	↓24 →9	
	↓34 →37					8			↓9 →8		
→16				↓28 →6			↓24 →23	5			
→8		1	↓5 →24						↓20 →13		8
→17					↓29 →9		8	↓20 →19			
→14			↓16 →31		5	2		4			↓6
→5		↓8 →34	1							↓10 →6	
→25						↓5 →20					↓1
→38					7		■	→7		2	

Sudo-kuro Hybrid

177

■	■	↓1	↓8	↓34	↓39	■	↓9	↓9	↓21	↓26	↓23
■	↓16 →21	1				↓45 →24					
→1		↓16	↓14 →44					7		3	
→31	3						■	→14			
→28							↓36	↓36 →17	6		
→12			↓23 →29						3	↓17 →4	
■	↓29 →45	2		3	6			4		5	↓22
→9		↓28 →24				2			↓16 →12		
→17				■	→28						
→14				↓11	↓6 →31			1		7	
→39				4				8	↓8	↓2 →6	6
→23			4			→22					■

179

Sudo-kuro Hybrid

	42		30	34	16	16	32		12	5	2
1	1	34 / 41						10 / 11	3		
45										40	
41				7					4 / 6		43
17	6				12		8	16 / 34			
21	2				29	24 / 3					
14			23 / 6		1			8	8 / 27		
24		9			2	26	21	4			
7				14 / 11			24 / 13			3	
	3		42 / 9				6				
	3	45 / 4		2					1		
13			6	31	9		2		7	1	

181

■	25\	8\	2\	31\	8\	21\	28\	■	42\	34\	■
\32					1			12\13		9	21\
\2		1\	\43					3			
\7			43\4		6\34	3					7
\8		36\27						33\10			2
\18					31\	2\27					
■	20\45		5				1				24\
\26		5				22\	8\19			4	
\16			9	14\24		1			7	5\5	
\37					9		9\2		\6		
\42				8					3\	6\3	
■	\6			\39			7				

Sudo-kuro Hybrid

	38	28	11		9	4	37	17	13	20	
17				27 \ 28			6				3 \
22	5				2 \	35 \ 23					
17			13 \ 28								42 \
21			8		34 \ 12			28 \ 12			
36		6				7			20 \	\ 9	
3		\ 37			4			6		25 \ 5	
1		17 \	21 \ 44		6		2		3		
18				18 \ 3			5 \ 24				
	7 \ 39			1					12 \ 6		
24			1			6 \	3 \ 21				
	\ 32				5			\ 13	7		2

185

Sudo-kuro Hybrid

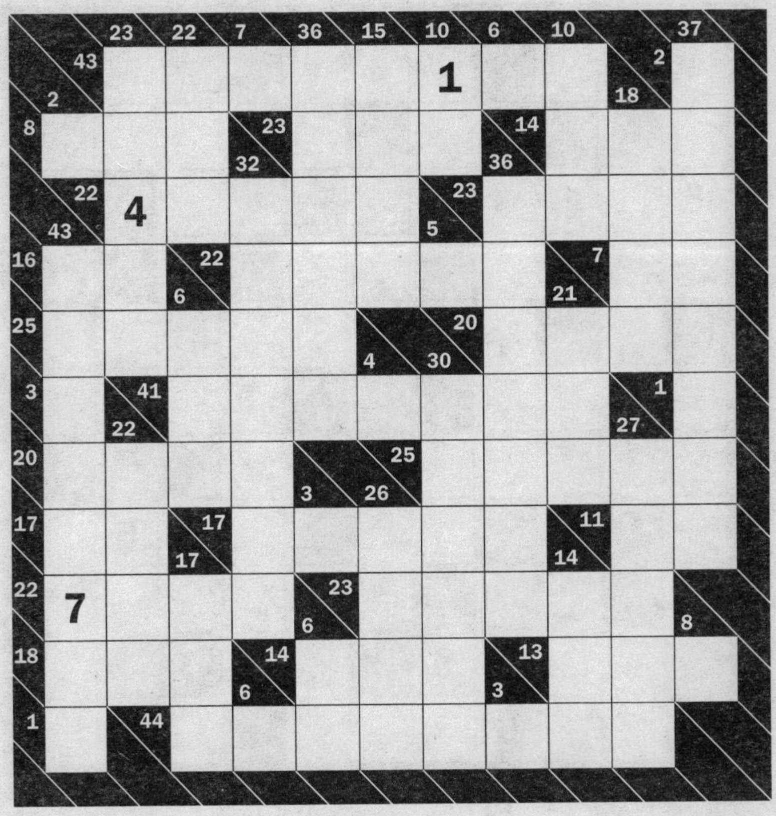

■	↓14	↓42	↓9	■	↓25	↓6	↓4	↓19	↓31	↓12	■
→17				↓29 →28							↓21
→11			↓6 →10			↓30 →24					
→28	5			3			↓11 →15			→2	
→29								↓26 →7		↓33 →9	
■	↓31 →5		↓30 →40		2						
→27					↓7 →5		↓30 →13	7			
→38									↓11 →7		↓24
→8		→6		↓16 →31						5	
→7		↓3 →10			↓13 →28	4					
→19					9	↓9 →13			↓3 →13		
■	→33			6				→12			

189

■	↓26	↓45	↓44	↓35	↓36	↓20	■	↓11	↓3	■	↓20
→29					5		■ →10 ↓7			■ →6	
→36						2			■	■ →9 ↓45	
→32	8	4					■ →1 ↓38		■ →12 ↓42		
→38			7				2	■ →7			■ ↓7
→19				5		■ →6 ↓4		■ →20 ↓34			
■	■ →45 ↓7		8					9	1		■ ↓18
→16				■ →1		■ →28 ↓21		5	4		2
■	■ →16 ↓12			■ →29 ↓10	6		8	4	5		1
→12			■ →7		■ →26 ↓9						4
→4		■	■ →41 ↓1			5					
→5		■ →3			■ →37	7					

Sudo-kuro Hybrid

191

Sudo-kuro Hybrid

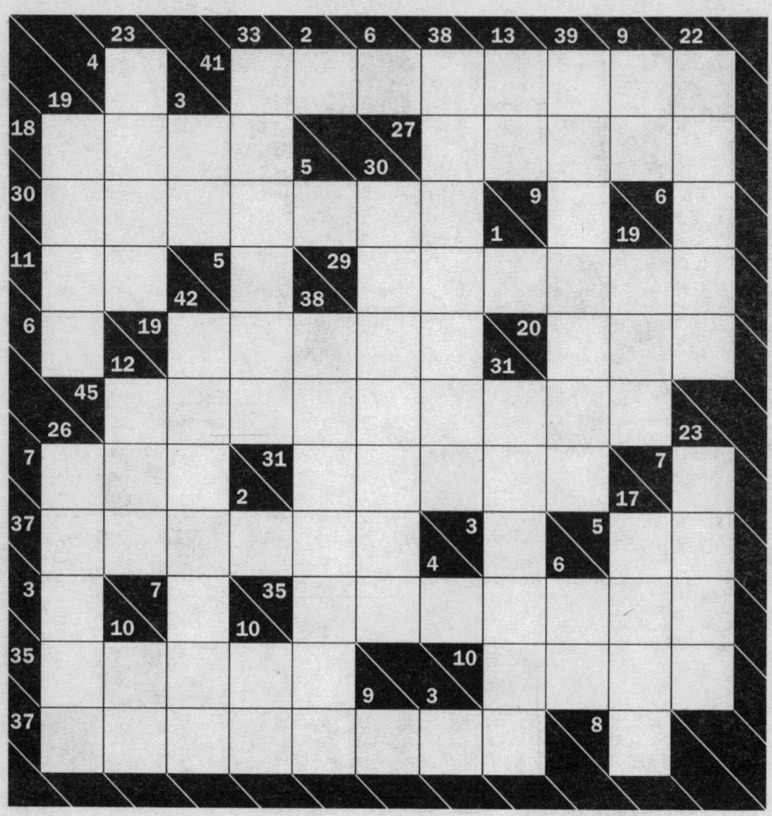

193

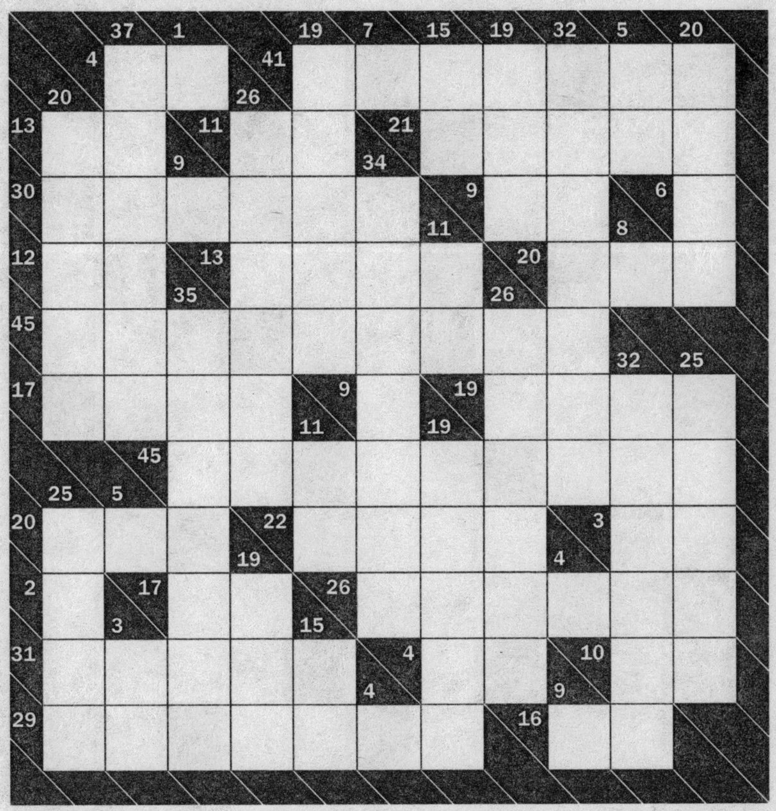

194

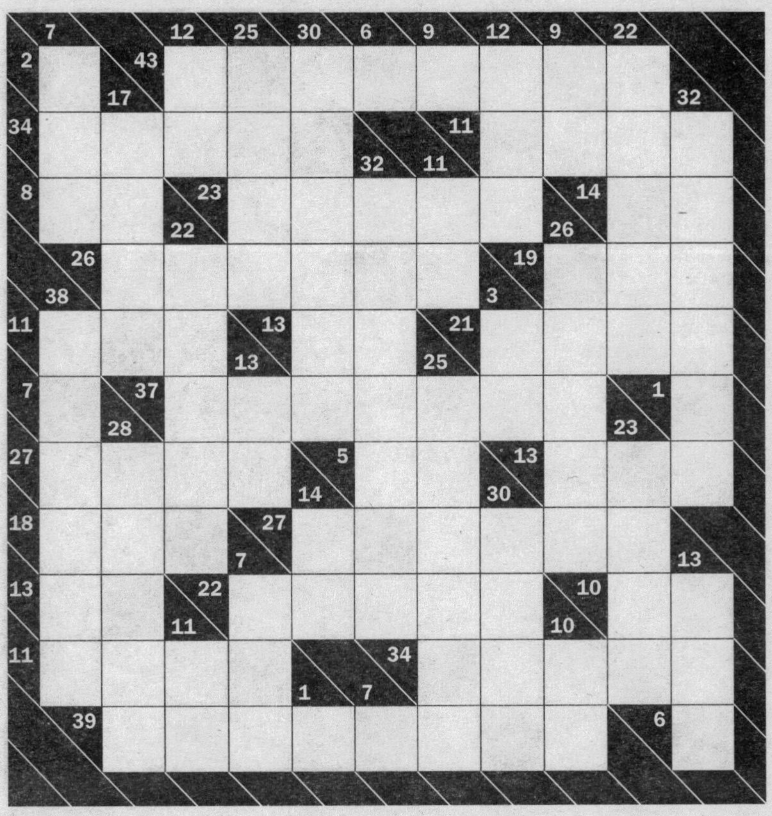

196

197

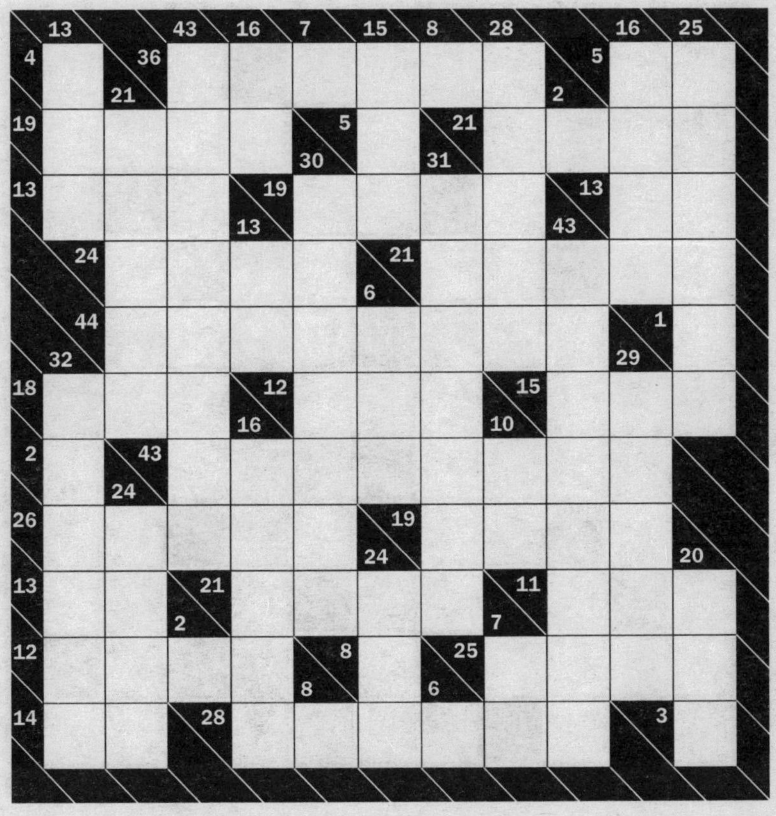

Sudo-kuro Hybrid

198

199

Sudo-kuro Hybrid

200

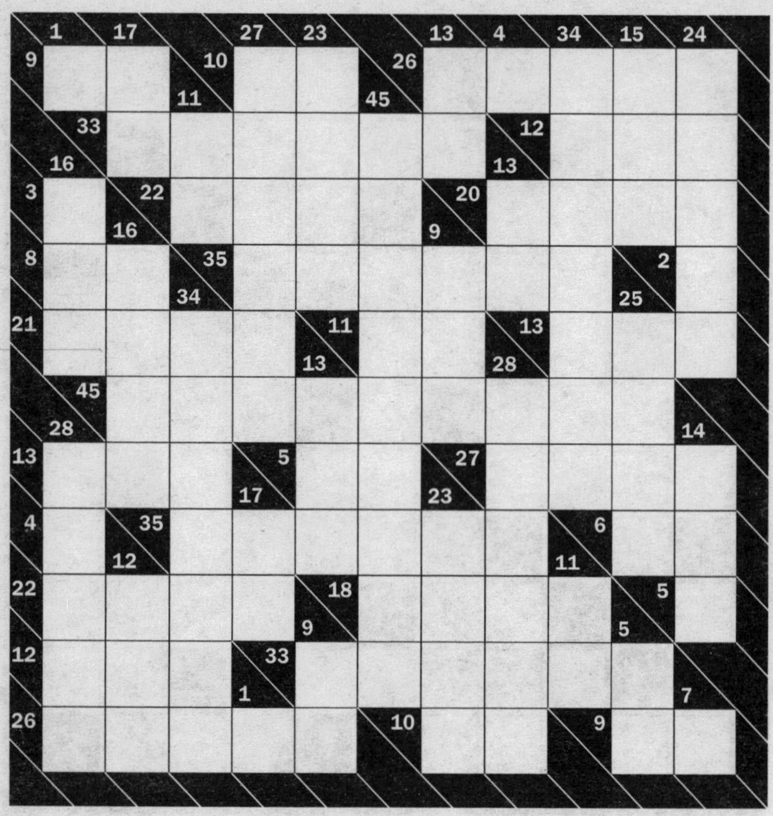

SOLUTIONS

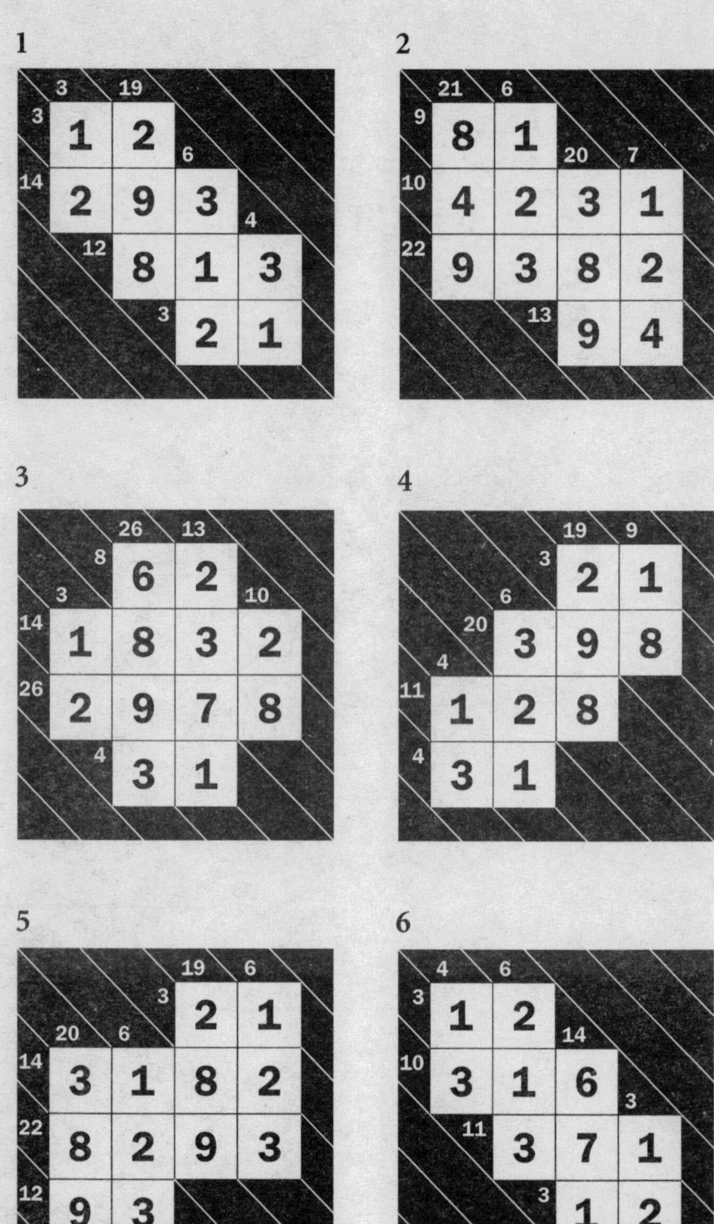

7

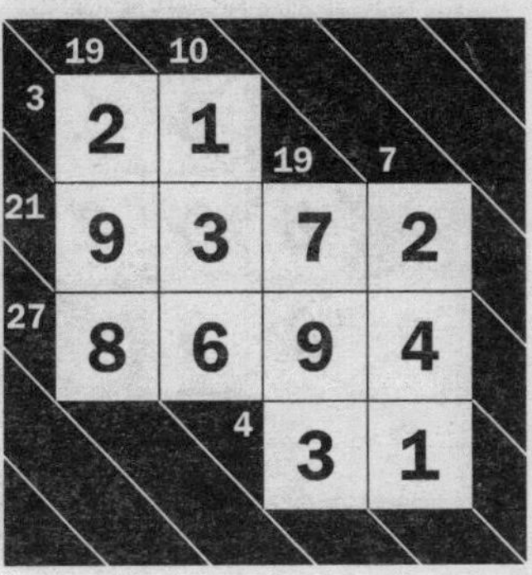
19 10
3 2 1 19 7
21 9 3 7 2
27 8 6 9 4
4 3 1

8

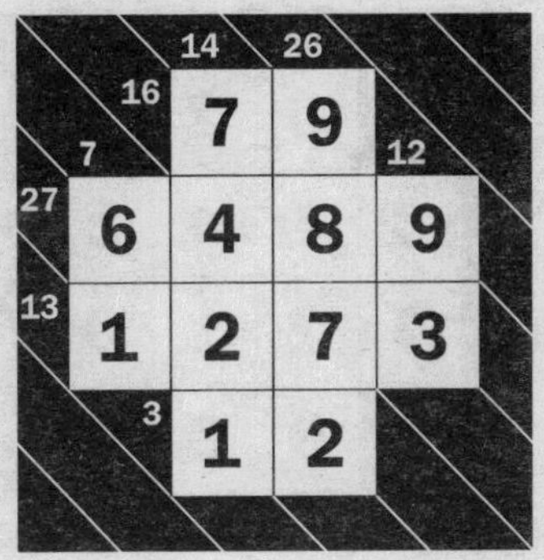
14 26
16 7 9
7 12
27 6 4 8 9
13 1 2 7 3
3 1 2

9

19 3
3 2 1
7
11 1 8 2
4
16 3 4 9
3 1 2

10

18 7
3 2 1
15 19
27 6 8 9 4
26 8 9 7 2
3 1 2

11

4 6
3 1 2
20
10 3 1 6
3
9 3 5 1
11 9 2

12

7 6
4 1 3
21 8
15 4 2 8 1
10 2 1 4 3
13 9 4

13

14

15

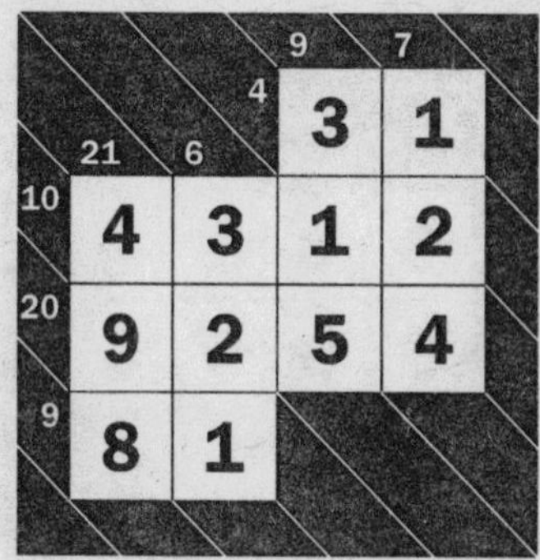

16

17

	19	6		
3	2	1	6	14
16	9	2	1	4
14	8	3	2	1
		12	3	9

18

19

			↓19	↓3
		↓15 →3	2	1
	↓4 →16	6	8	2
→19	3	7	9	
→3	1	2		

20

			↓10	↓12
	↓21	↓9 →4	1	3
→29	9	5	7	8
→10	4	3	2	1
→9	8	1		

21

22

	↓11	↓28	↓10		
→20	3	8	9	↓27	↓11
→22	2	7	1	9	3
→14	5	9	↓14 →13	8	5
→15	1	4	5	3	2
		→17	9	7	1

23

			16	27	19
		30\22	6	7	9
	6\12	6	1	3	2
29	2	7	3	9	8
20	1	9	2	8	
15	3	8	4		

24

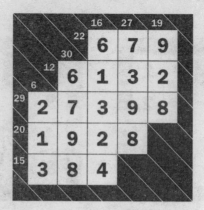

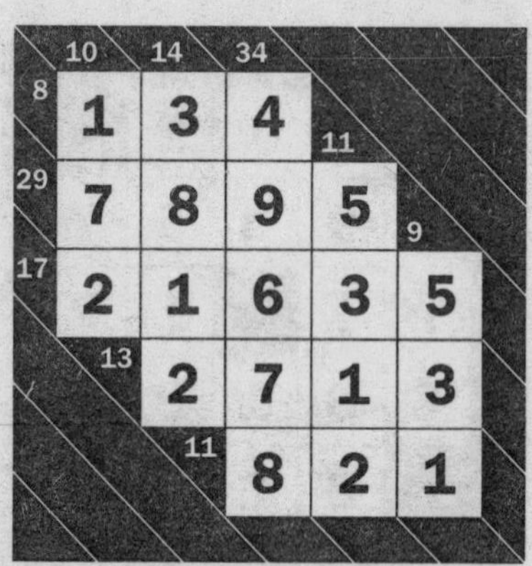

25

		30	13	32	20
	10	1	4	2	3
	6\30	7	9	6	8
12	3	9	9\16	7	9
26	2	8	7	9	
16	1	5	2	8	

26

		16	5	34	
	22\9	1	2	6	8
21	8	2	3	7	1
13	9	4	10\14	9	5
15	5	3	1	4	2
	23	6	9	8	

27

	13	14	16		
23	6	8	9	30	11
21	2	1	7	8	3
4	1	3	10\9	7	2
16	4	2	3	6	1
		21	7	9	5

28

			16	30	11
		11\22	6	9	7
	7\15	2	4	8	1
16	4	1	2	6	3
13	2	3	1	7	
9	1	5	3		

29

■	↓10	↓14	↓30	■	■
13→	2	3	8	↓12	■
30→	7	8	9	6	↓24
17→	1	2	4	3	7
■	19→	1	7	2	9
■	■	11→	2	1	8

30

■	■	↓26	↓12	↓34	↓6
■	27→	8	9	7	3
■	↓10 12→	2	3	6	1
5→	1	4	↓5 11→	9	2
28→	7	9	4	8	■
10→	2	3	1	4	■

31

■	■	↓33	↓4	↓18	■
■	↓6 7→	4	1	2	↓10
29→	2	9	3	8	7
8→	1	7	↓3 4→	3	1
18→	3	8	1	4	2
■	8→	5	2	1	■

32

■	29↓	14↓	6↓	■	■
9→	5	3	1	11↓	26↓
26→	7	2	5	3	9
17→	9	8	12↓ 13→	5	8
27→	8	1	9	2	7
■	■	6→	3	1	2

33

■	■	■	16↓	26↓	24↓
■	■	17↓ 22→	6	7	9
■	20↓ 13→	3	1	2	7
34→	7	6	4	9	8
27→	9	7	3	8	■
7→	4	1	2	■	■

34

■	23↓	12↓	25↓	■	■
10→	6	1	3	16↓	■
14→	8	2	1	3	10↓
21→	9	4	5	1	2
■	29→	5	9	8	7
■	■	12→	7	4	1

35

		18\	13\	16\	6\
	\11	2	5	1	3
	7\16	5	8	2	1
\4	1	3	15\6	4	2
\26	4	7	9	6	
\12	2	1	6	3	

36

		16\	10\	34\	
	22\21	4	9	8	7\
\16	6	3	1	4	2
\8	7	1	8\8	7	1
\22	9	2	1	6	4
	\22	6	7	9	

37

	11\	25\	14\		
\19	3	7	9	10\	20\
\15	1	4	5	3	2
\13	5	8	4\13	4	9
\17	2	6	3	1	5
		\7	1	2	4

38

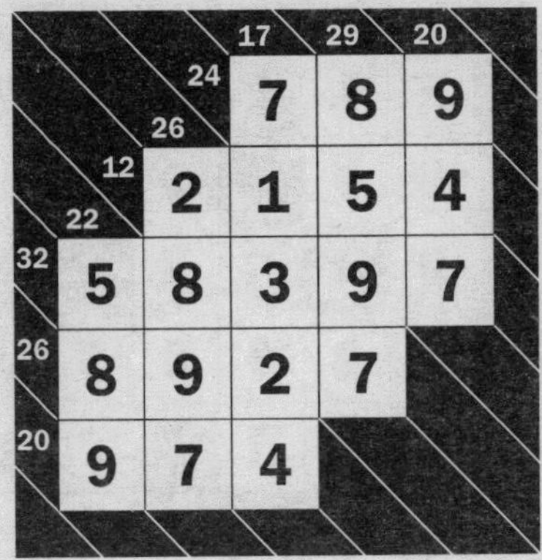

39

40

		32	13	33	7
	11	2	5	3	1
	27 / 9	9	8	6	4
7	1	6	10 / 9	8	2
30	6	7	8	9	
18	2	8	1	7	

41

42

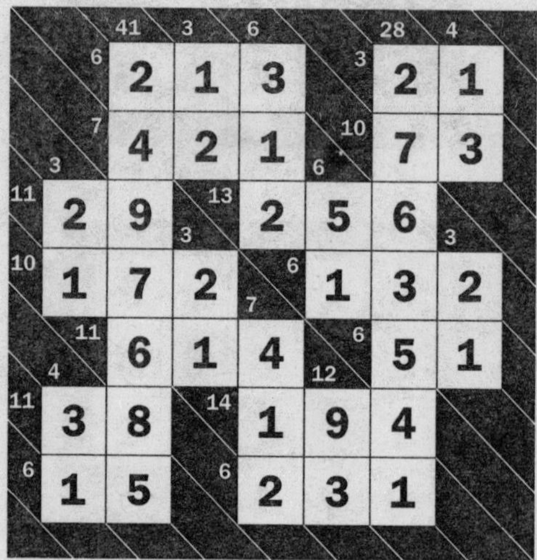

43

44

			4\	8\		21\	7\
	7\	38\3	1	2	\4	3	1
\22	6	8	3	5	4\6	4	2
\10	1	9	3\13	1	3	5	4
	21\6	5	1	6\3	1	2	6\
\10	4	3	2	1	5\3	1	2
\16	9	7	\13	2	1	6	4
\14	8	6	\7	3	4		

45

46

47

48

	3	1		2	3	1
3	1	2		3	9	2
1	2		2	1		
	4	8	9	6	7	
		1	8		3	9
1	3	2		1	2	3
2	9	3		3	1	

49

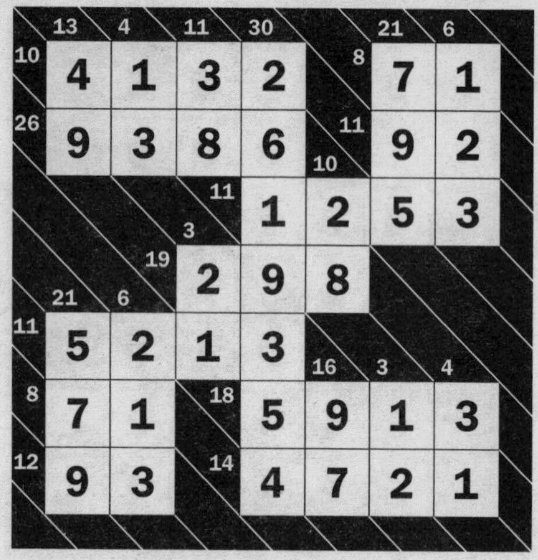

50

51

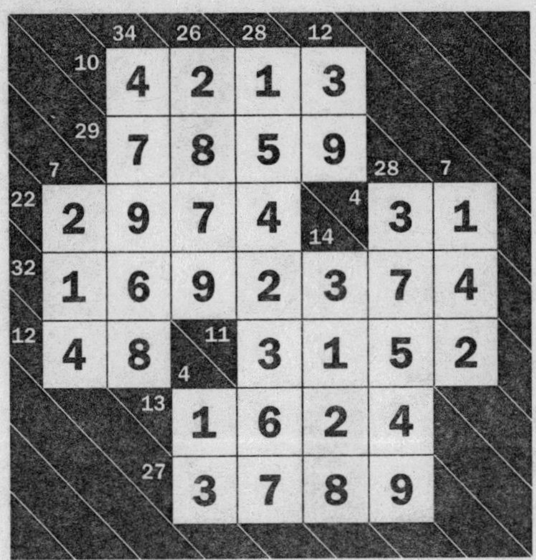

52

53

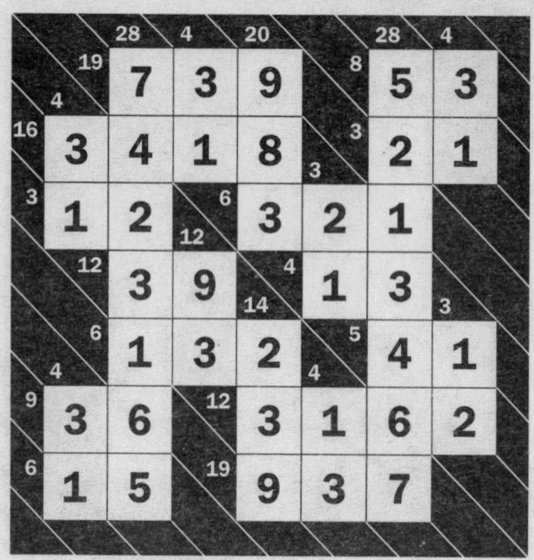

54

55

56

57

58

59

60

61

62

63

64

		41	3		32	10		
	3	2	1	3	2	1	41	16
	17 \ 6	4	2	12	6	3	2	1
11	3	8		29 \ 16	7	2	4	3
16	7	9	28 \ 32	5	9	4	8	6
34	4	6	7	9	8	8	6	2
20	1	5	8	6		5 \ 9	5	4
26	2	7	9	8	13	4	9	
		5	4	1	8	1	7	

65

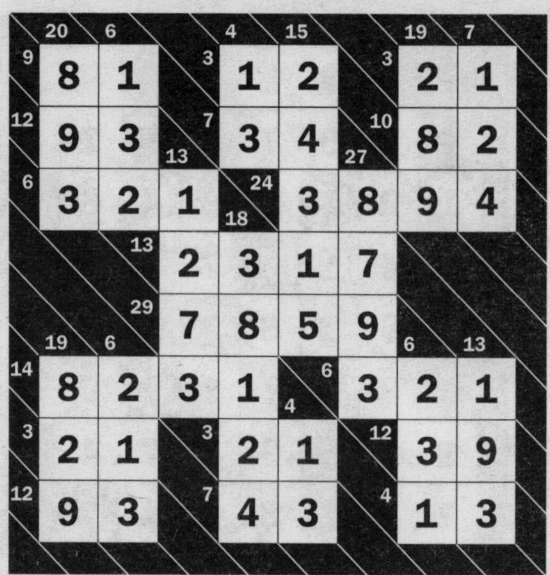

66

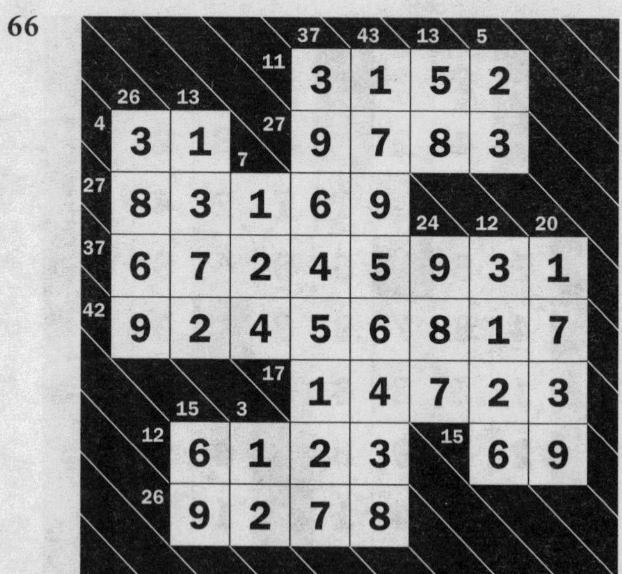

67

68

3	7	9		3	9		
1	2	8		1	3	4	2
		3	1	2		8	3
8	6		2	4		9	4
7	9		5	9		7	1
2	1		3	5	8		
9	8	7	4		3	1	2
		8	7		9	3	7

69

70

71

72

73

	29\	41\	4\		19\	28\		
\19	7	9	3	\3	2	1	29\	
\15	8	6	1	7\19	9	7	3	
\17	9	8	23\28	6	8	9	5	
\12	5	4	2	1	13\14	8	6	12\
	\6	5	1	7\10	4	3	2	1
	\28	7	8	4	9	16\6	4	2
	\6	2	3	1	\11	7	1	3
		\11	9	2	\23	9	8	6

74

75

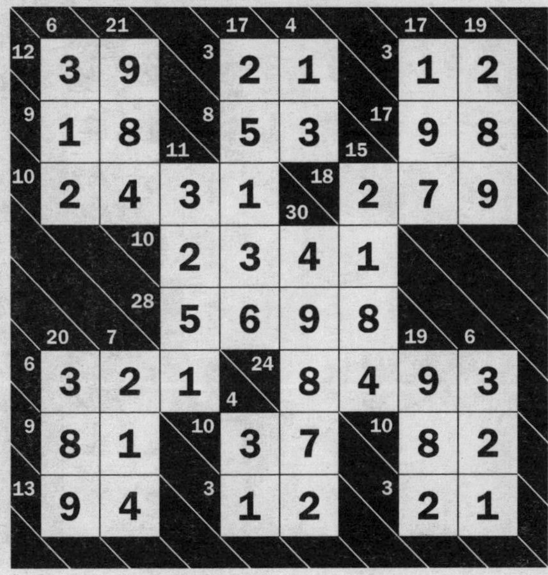

76

		23↓	43↓		37↓	36↓		
	16→	7	9	3→	2	1		
	6↓ 13→	6	7	33↓ 17→	9	8	24↓	
42→	3	4	8	9	7	6	5	24↓
44→	2	3	6	7	8	5	4	9
36→	1	2	5	8	6	4	3	7
	29→	1	4	6	5	3	2	8
		3→	1	2	3→	2	1	
		4→	3	1	16→	7	9	

77

78

79

80

		37	17		39	11	36	
	3	1	2	8	5	2	1	
	8	5	3	21 \ 17	6	9	2	3
	10	3	1	2	4	19 \ 4	3	1
	4 \ 29	6	5	3	8	1	4	2
36	3	7	6	4	9	2	5	
3	1	2	10 \ 29	5	7	9	8	
	7	4	2	1	9	3	6	
	23	9	8	6	11	4	7	

81

	11\	16\		8\	29\			10\	16\
\4	3	1	\9	1	8	4\	\13	4	9
\14	5	9	\19	7	9	3	27\4	3	1
\6	2	4	11\	7\23	7	1	9	2	4
\15	1	2	3	4	5	3\6	3	1	2
	17\	10\4	1	3	29\8	1	7	26\	12\
\9	3	1	5	3\32	7	2	8	9	6
\15	4	3	2	1	5	3\	\11	8	3
\3	1	2	\11	2	8	1	\8	6	2
\13	9	4		\11	9	2	\4	3	1

82

83

84

		11\	10\	4\	15\	32\		10\	16\
	\32	5	7	3	8	9	\13	4	9
	11\17	2	3	1	4	7	\5	3	2
\12	9	3	23\	\3	1	2	11\3	2	1
\9	2	1	6	15\16	2	6	3	1	4
	10\	26\9	8	1	15\9	8	1	29\	4\
\23	3	8	9	2	1	\19	7	9	3
\13	4	9	\14	5	9	3\	6\9	8	1
\3	1	2	\18	3	2	1	5	7	
\9	2	7	\15	4	3	2	1	5	

85

86

87

88

89

	22	10	13	4	3			12	26
15	5	2	4	3	1		9	2	7
24	8	4	9	1	2	21	27\11	3	8
10	9	1	26		7\10	4	3	1	2
	11	3	8	6\34	4	8	7	6	9
	28	14\26	6	2	1	9	8	26	
26	8	4	9	3	2	17	9	8	11
10	4	2	3	1	4	7	17\3	2	1
16	9	7		32	3	5	8	9	7
8	7	1		22	1	2	9	7	3

90

	4	7	12		45	3	27		
7	1	2	4	7	1	2	4		
10	3	5	2	11\10	3	1	6	30	11
	14	29\21	5	7	9	18	8	9	1
15	2	5	1	3	4	21\21	9	7	5
16	7	9	10\7	1	2	4	27\8	6	2
13	4	8	1	32	5	9	7	8	3
10	1	7	2	16\24	7	8	9	8	11
		16	3	7	6	24	8	7	9
		21	4	9	8	6	3	1	2

91

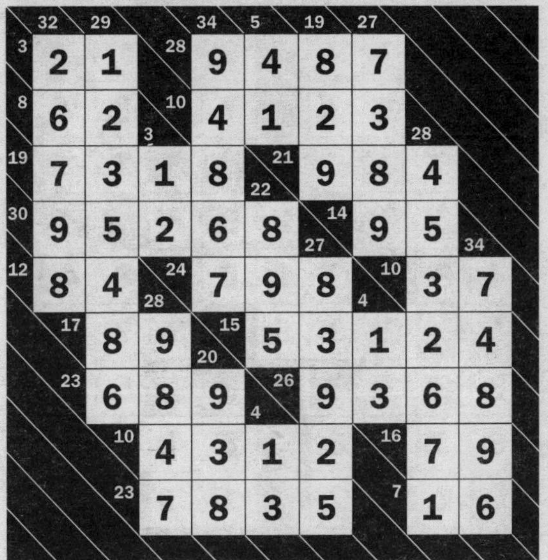

92

			21\	33\	45\	6\		40\	3\
		41\11	5	3	1	2	\3	1	2
	\34	7	9	8	6	4	4\10	9	1
	19\27	3	7	9	8	\7	3	4	7\
\4	3	1	\9	6	3	15\7	1	2	4
\13	7	6	7\15	7	5	3	\7	6	1
\23	9	8	6	\6	4	2	21\10	8	2
7\3	2	1	9\10	2	1	4	3		
\6	1	5	\29	1	9	4	8	7	
\15	6	9	\29	8	7	5	9		

93

94

95

			27	10	45		13	34	
		23	8	9	6	16	7	9	29
		41\6	3	1	2	22\18	3	7	8
	16\13	6	7	19	5	8	2	3	1
22	6	7	9	19\15	3	5	1	2	4
13	4	9	14\24	7	8	9	13\11	4	7
15	2	5	4	3	1	23	6	8	9
33	3	8	6	9	7	9\3	2	1	
6	1	2	3	20	9	7	4		
	5	4	1	7	4	2	1		

96

			19	27		20	26	39	
		36\3	2	1	6	3	2	1	
	16\15	1	8	6	19	8	7	4	15
30	6	7	9	8	7\29	9	8	7	5
6	2	4	4	3	1	34\17	9	5	3
10	4	6	13\20	9	4	7	3	2	1
12	3	5	4	21\10	2	8	6\13	9	4
10	1	3	2	4	10	4	1	3	2
	23	8	6	9	20	9	3	8	
	11	2	1	8	8	6	2		

97

98

99

				35\	7\	14\	11\		
	14\	29\	\11	5	1	3	2	42\	
\6	5	1	16\35	7	6	9	5	8	23\
\28	9	4	7	8	7\13	2	1	4	6
	8\19	3	9	6	1	17\19	3	7	9
\8	2	6	29\12	9	2	1	9\13	5	8
\22	5	8	9	6\16	4	5	1	6	3\
\16	1	5	8	2	5\25	6	8	9	2
	\15	2	5	1	4	3	\4	3	1
		\13	7	3	1	2			

100

	12\	12\	32\			4\	9\	27\	
\23	9	6	8		28\6	1	2	3	18\
\6	3	1	2	27\30	5	3	7	9	6
	\12	2	6	3	1	16\	\17	8	9
	\33	3	9	8	7	6	33\10	7	3
	11\	26\25	7	9	2	1	6	25\	
\4	1	3	\26	7	3	2	8	6	
\17	8	9	4\	3\28	4	7	9	8	4\
\20	2	8	3	1	6	\6	3	2	1
	\9	6	1	2		\19	7	9	3

101

102

	23\	17\	17\		13\	5\	10\	32\	
\23	8	9	6	\28	7	4	8	9	14\
\21	9	7	5	10\20	3	1	2	8	6
\16	6	1	3	4	2		\3	2	1
	12\	21\9	2	6	1		17\8	6	2
\7	2	4	1		29\	4\15	3	7	5
\3	1	2		\10	7	1	2	20\	11\
\15	6	9	9\	13\25	9	3	4	8	1
\15	3	1	2	4	5	\24	7	9	8
	\29	5	7	9	8	\6	1	3	2

103

	30\	15\	4\	8\	21\		18\	21\	4\
\32	8	7	3	5	9	\19	7	9	3
\16	6	2	1	3	4	27\11	2	8	1
\8	7	1		26\10	2	3	1	4	
\14	9	5	16\28	8	6	9	5		
		\3	1	2	29\11	8	3	11\	20\
		24\26	2	9	8	7	\13	5	8
	9\27	8	3	7	9	13\	11\11	2	9
\13	2	7	4	\15	5	4	3	1	2
\22	7	9	6	\28	7	9	8	3	1

104

			29\	11\		10\	10\		
		\6	5	1	\13	9	4	22\	24\
	38\	21\9	7	2	34\10	1	3	4	2
\34	6	4	9	8	7	11\11	2	5	4
\18	7	3	8	4\16	6	4	1	2	3
\6	5	1	13\19	3	9	7	11\15	7	8
\28	9	6	4	1	8	21\12	5	1	6
\15	8	5	2	13\15	4	5	2	3	1
\10	3	2	1	4	\8	7	1		
		\15	6	9	\12	9	3		

105

106

107

			4\	25\		10\	38\		
	22\	36\3	1	2	\16	7	9		
\24	5	7	3	9	16\6	1	5	39\	32\
\11	2	9	37\35	5	7	2	8	9	4
\34	4	6	7	8	9	15\20	7	5	8
\11	3	2	5	1	14\18	1	6	8	3
\24	7	8	9	7\15	5	2	3	4	1
\25	1	4	6	2	9	3	17\13	6	7
		\12	8	4	\29	5	8	7	9
		\3	2	1	\13	4	9		

108

			22\	9\	4\			26\	11\
	7\	19\8	5	2	1	17\	\3	2	1
\37	4	7	9	6	3	8	10\9	7	2
\20	2	9	8	1	19\28	6	9	8	5
\4	1	3		27\23	8	2	1	9	3
	10\	26\	7\7	4	2	1		19\	7\
\34	4	7	6	8	9	17\	6\3	2	1
\20	2	8	1	9	12\23	8	2	9	4
\3	1	2	\35	6	9	7	3	8	2
\12	3	9		\6	3	2	1		

109

	↓11	↓3		↓20	↓6	↓4		↓37	↓3
→3	2	1	↓6 →6	3	2	1	→7	5	2
→27	9	2	1	8	4	3	↓4 →3	2	1
		↓21 →12	3	9	↓7	↓11 →12	3	9	↓17
	↓4 →3	1	2	↓12 →28	4	9	1	6	8
→3	1	2	↓10 →6	3	1	2	↓8 →16	7	9
→19	3	4	1	9	2	↓19 →10	2	8	
	↓3 →15	6	9	↓7	↓9 →3	2	1	↓10	↓3
→4	1	3	→37	6	7	9	5	8	2
→7	2	5	→11	1	2	8	→3	2	1

110

111

	9	37	6			20	26	4	9
11	1	8	2		19	8	7	1	3
20	8	9	3		16 \ 26	9	8	3	6
	6 \ 3	2	1	9 \ 6	1	3	2	37	8
8	2	6	5	2	3	10 \ 21	9	7	5
6	1	5	15 \ 22	7	6	9	6	4	2
19	3	7	9	7 \ 3	2	1	6 \ 7	6	1
	5	13 \ 9	3	2	4	4	1	3	9
16	2	9	1	4		11	2	8	1
10	3	4	2	1		20	3	9	8

112

			22	15	28	12	16		
		15	5	2	4	3	1		
	38	23	5	8	6	7	9	3	
	35							21	30
34	6	4	9	7	8	13 \ 10	4	1	5
6	5	1	15	17 \ 35	9	8	6	5	7
29	7	8	5	9	12 \ 11	5	2	3	1
23	9	3	2	8	1	13	24 \ 11	2	9
11	8	2	1	14 \ 31	3	5	9	6	8
		22	3	5	2	1	7	4	
		34	4	9	6	7	8		

113

\	34	22	14	4	27		23	14	
28	9	4	6	1	8	\17	8	9	
32	7	5	8	3	9	6\6	1	5	
7	4	3	30\	\6	3	1	2	21\	
15	6	2	7	20\13	7	2	3	1	25\
30	8	7	6	9	12\11	3	5	2	1
	\20	1	9	7	3	\13	4	3	6
		4\7	1	4	2	14\	12\15	6	9
	\3	1	2	\35	6	8	9	5	7
	\8	3	5	\16	1	6	3	4	2

114

115

	11\	26\	8\	10\				19\	19\
\28	5	8	6	9	24\	32\	\16	7	9
\28	3	7	2	1	9	6	10\3	1	2
\11	2	9		15\29	7	9	3	2	8
\3	1	2	19\34	4	8	7	6	9	
		24\3	2	1	9\3	2	1	11\	26\
	7\23	3	9	2	1	8	\12	3	9
\20	1	6	8	3	2	13\	11\13	5	8
\9	2	7	\37	5	6	9	8	2	7
\12	4	8			\10	4	3	1	2

116

	4\	7\		16\	13\	8\	27\	18\	
\3	1	2	\35	6	8	7	9	5	
\7	3	4	13\21	4	5	1	8	3	19\
	\7	1	4	2	20\	\17	7	2	8
	20\	32\20	9	3	8	15\6	3	1	2
\14	8	6	12\6	1	3	2	3\16	7	9
\23	9	8	6	\12	9	1	2	6\	
\6	3	2	1	5\	7\7	4	1	2	3\
	\17	7	2	4	1	3	\3	1	2
	\24	9	3	1	6	5	\4	3	1

117

■	■	3\	26\	31\	16\	■	19\	36\	■
■	\24	1	8	6	9	\3	2	1	■
■	\26	2	9	8	7	41\16	9	7	11\
■	26\	21\3	2	1	23\27	7	8	9	3
\34	8	3	7	2	9	5	\7	6	1
\15	9	6	\21	7	8	6	13\13	8	5
\3	2	1	6\21	3	6	4	1	5	2
\18	7	5	2	4	13\11	9	2	5\	■
■	\7	4	3	\28	9	8	7	4	■
■	\3	2	1	\10	4	2	3	1	■

118

■	8\	11\	4\	19\	■	3\	10\	■	■
\14	2	3	1	8	\3	1	2	32\	18\
\26	6	8	3	9	16\16	2	3	7	4
■	33\	15\	\3	2	1	4\21	4	9	8
\12	9	3	■	12\16	4	3	1	6	2
\7	6	1	10\6	3	2	1	\11	8	3
\29	8	5	4	9	3	21\	\3	2	1
\6	3	2	1	3\14	6	8	9\	4\	10\
\16	7	4	3	2	\10	4	3	1	2
■	■	\3	2	1	\26	9	6	3	8

119

120

■	■	■	16\	4\	27\	■	■	9\	4\
■	32\	21\20	9	3	8	■	5\3	2	1
\31	8	6	7	1	9	12\14	4	7	3
\4	3	1	3\	28\6	3	2	1	31\	15\
\32	9	4	1	8	7	3	13\14	9	5
\26	7	8	2	9	11\10	1	4	3	2
\7	5	2	7\39	7	5	6	9	8	4
■	4\	9\7	2	4	1	6\	14\10	7	3
\15	3	7	5	\15	3	2	5	4	1
\3	1	2	■	\15	2	4	9	■	■

121

122

123

124

	20\	10\	5\			13\	11\	16\	11\
\15	8	3	4		5\10	4	3	2	1
\6	3	2	1	7\23	2	9	8	1	3
\13	9	4	20\4	1	3		9\6	4	2
	\6	1	3	2	26\	4\22	8	9	5
	4\	9\23	8	4	7	3	1	4\	6\
\19	3	7	9	3\3	2	1	6\3	1	2
\3	1	2	6\11	2	9	8\8	1	3	4
	26\	12\21	4	1	8	5	3	10\	
\12	7	3	2		4\6	1	2	3	19\
\3	2	1	4\	9\3	1	2	12\13	4	9
\18	8	2	1	4	3	\6	3	1	2
\23	9	6	3	5		\19	9	2	8

125

	4↓	3↓		22↓	15↓		13↓	9↓	3↓
3→	1	2	22↓ 9→	8	1	7→	2	4	1
15→	3	1	4	5	2	27↓ 10→	3	5	2
		37↓ 26→	7	9	3	6	1	38↓	9↓
	8→	6	2	35→	5	8	7	9	6
	12→	7	5	13→	4	9	22↓ 6→	5	1
10↓	3→	2	1	10↓	10→	4	1	3	2
11→	1	5	3	2	34↓	15→	7	8	
11→	3	8	16↓ 12→	3	9	12→	5	7	
34→	6	9	8	4	7	8↓ 10→	4	6	
12↓	3↓	16→	4	1	6	2	3	3↓	4↓
13→	9	1	3	15→	4	5	2	1	3
6→	3	2	1	9→	8	1	3→	2	1

126

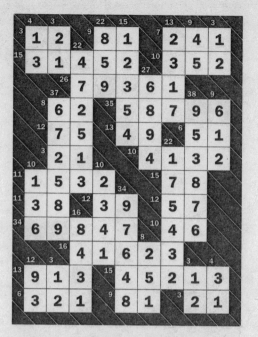

127

	7\	6\	12\					32\	3\
\6	2	1	3	7\	6\		14\3	2	1
\19	4	2	9	1	3	15\18	9	7	2
\4	1	3	15\17	2	1	3	5	6	3\
	12\	3\10	3	4	2	1	21\11	9	2
\6	3	1	2	20\	\23	5	9	8	1
\18	9	2	4	3	\7	4	3	8\	13\
	13\	15\14	5	9	\10	2	1	3	4
\10	4	3	1	2	21\	13\16	2	5	9
\11	9	2	10\28	5	9	8	6	12\	7\
	11\18	4	2	1	8	3	12\12	8	4
\22	9	5	8	\19	4	2	9	3	1
\3	2	1				\6	3	1	2

128

	6\	12\		4\	13\	29\	9\	22\	7\
\4	1	3	\21	1	4	5	3	6	2
\3	2	1	26\37	3	8	7	6	9	4
\20	3	8	9	10\10	1	9	12\8	7	1
		\4	3	1	\17	8	9	7\	9\
	20\	9\8	6	2	3\	\6	3	2	1
\32	9	6	8	7	2	6\	27\4	1	3
\9	8	1	3\	\19	1	2	7	4	5
\6	3	2	1	14\	\12	3	9		
	11\	22\3	2	1	20\9	1	8	19\	6\
\11	2	9	4\16	7	9	15\6	3	2	1
\37	6	8	3	4	7	9	\10	8	2
\21	3	5	1	2	4	6	\12	9	3

129

			38	14	23	12		19	4
		11\25	7	1	8	9	\11	8	3
	7\17	1	5	2	6	3	21\3	2	1
\33	4	5	8	7	9	10\17	8	9	
\18	2	3	9	4	\13	4	9	4\	3\
\9	1	2	6	27\	3\10	2	4	3	1
	11\	3\10	3	4	2	1	21\3	1	2
\3	2	1	12\12	6	1	3	2	18\	16\
\24	9	2	5	8		29\23	6	8	9
		7\10	1	9	13\13	7	1	2	3
	5\8	2	6	4\15	2	5	3	1	4
\4	3	1	\32	3	8	9	5	7	
\6	2	4	\16	1	3	8	4		

130

	4	21		30	10		11	15	
\3	1	2	18\7	6	1	\13	9	4	17\
\18	3	4	1	8	2	\7	2	1	4
	\29	5	8	9	7		13\14	5	9
	12\16	6	3	7		10\14	9	2	3
\6	3	1	2	7\	14\10	2	4	3	1
\24	9	3	4	2	5	1	34\	21\	7\
	27\	16\	3\39	4	9	7	8	5	6
\14	8	3	2	1		14\11	6	4	1
\6	3	2	1		7\23	8	9	6	
\8	7	1	9\	\10	2	1	4	3	9\
\14	9	4	1	\17	4	2	7	1	3
	\14	6	8	\4	1	3	\8	2	6

131

1	9		2	1		5	4	1	3	2
2	3	1	9	4		8	9	3	7	4
		4	8	7	5	9			8	1
3	1	2		9	2			1	9	3
8	2			6	1		4	2		
9	3		1	8		2	1		1	3
		6	2		2	8			2	7
8	3	9			3	9		8	3	9
3	1			2	1	5	3	6		
6	4	9	7	8		7	5	9	3	8
1	2	5	3	4		6	1		1	2

132

		1	2			3	1	2
2	1	3	8			7	3	9
9	5		7	8	5	9		
7	3		5	3	2	6	1	4
6	2		9	6	3	8	5	7
8	4			7	1	5		
		5	2	1			6	9
5	8	6	3	9	7		3	7
1	9	8	7	4	6		1	3
		9	1	5	8		4	8
2	1	3			4	3	2	1
9	3	7			9	1		

133

	11\	6\		29\	20\	29\	4\		
\11	9	2	\11	5	3	2	1	9\	
\3	2	1	9\25	9	8	4	3	1	4\
	\33	3	6	7	9	8	6\3	2	1
		6\10	2	8	27\12	1	2	6	3
	11\3	2	1	28\11	7	3	1	9\	3\
\4	3	1	8\25	6	8	5	3	2	1
\38	8	3	5	7	9	6	6\8	6	2
	3\	21\6	1	2	3	26\3	2	1	
\11	1	5	2	3	6\3	2	1	10\	
\11	2	9	12\24	4	1	9	3	7	11\
	\32	7	9	5	3	8	\11	2	9
		\13	3	1	2	7	\3	1	2

134

135

	8\	20\	5\				37\	11\	3\
\6	2	3	1	17\	4\	\19	9	8	2
\26	5	8	4	6	3	\10	7	2	1
\10	1	9	7\3	2	1	11\6	5	1	
		26\15	6	9	27\3	1	2	23\	9\
	9\3	2	1	10\16	3	2	6	4	1
\15	6	9	21\38	3	7	5	8	9	6
\31	2	8	5	4	9	3	4\10	8	2
\21	1	7	3	2	8	19\3	1	2	
		20\5	4	1	3\12	9	3	19\	9\
	9\9	8	1	\3	1	2	8\4	3	1
\23	8	9	6	\31	2	8	7	9	5
\6	1	3	2			\11	1	7	3

136

	14\	8\	28\	20\	3\			20\	16\
\15	5	2	4	3	1		4\15	9	6
\32	9	6	7	8	2	22\7	1	2	4
	8\	19\17	8	9	21\10	4	3	1	2
\19	2	8	9	\3	2	1	\4	3	1
\15	6	9	7\	\11	3	8	9\8	5	3
	\3	2	1	26\23	6	9	8	7\	
	32\	17\20	6	9	5	\5	1	4	4\
\3	2	1	\12	8	4		27\4	1	3
\10	7	3	4\3	2	1	13\6	3	2	1
\16	6	2	1	7	9\8	1	7	8\	4\
\19	9	7	3	\18	2	4	8	3	1
\12	8	4		\32	7	8	9	5	3

137

		15\	8\	21\	14\		17\	37\	
	\29	5	7	9	8	\4	1	3	
	14\10	3	1	4	2	20\16	7	9	
\13	9	4	21\22	8	1	4	3	6	23\
\16	5	2	9	\27	3	5	4	7	8
	\9	1	8	30\	12\13	1	2	4	6
	7\	22\10	4	1	3	2	9\17	8	9
\4	1	3	34\30	7	9	8	6	24\	
\23	2	4	9	8	26\	\4	1	3	15\
\33	4	5	7	9	8	14\15	2	4	9
	\15	2	4	5	3	1	6\7	1	6
	\15	7	8	\21	6	5	1	9	
	\7	1	6	\29	9	8	5	7	

138

139

	16\	3\	26\	20\		10\	26\	15\	8\
\24	9	1	8	6	\13	2	7	3	1
\26	7	2	9	8	\29	8	9	5	7
		\9	7	2		18\3	2	1	8\
	4\	3\3	2	1	11\28	9	8	4	7
\4	3	1	12\6	3	1	2	4\3	2	1
\12	1	2	9	12\15	5	7	3	12\	3\
	11\	16\6	3	1	2	32\6	1	3	2
\12	9	3	21\20	8	3	9	13\10	9	1
\11	2	1	5	3	\11	7	4		
	11\14	6	8	13\	\3	2	1	4\	12\
\28	8	4	7	9	\12	6	2	1	3
\10	3	2	1	4	\26	8	6	3	9

140

	11\	21\		3\	4\	7\		15\	11\
\3	2	1	15\7	2	1	4	\3	1	2
\24	9	5	4	1	3	2	20\12	3	9
	\4	3	1	27\	\13	1	8	4	4\
	4\23	6	8	9	26\	\6	3	2	1
\24	3	4	2	7	8	10\17	9	5	3
\3	1	2	\21	8	9	4		39\	5\
	3\	33\	12\6	3	2	1	10\5	4	1
\19	2	8	9	\19	7	2	1	5	4
\8	1	5	2	14\	\12	3	2	7	
	3\7	4	1	2	4\	11\11	3	8	3\
\8	1	7	\31	8	3	9	4	6	1
\11	2	9	\7	4	1	2	\11	9	2

		34\	8\			12\	4\	16\		19\	3\
	6\7	6	1		17\6	3	1	2	\3	2	1
\11	1	8	2	4\18	5	9	3	1	9\10	8	2
\15	2	4	5	3	1		\22	6	7	9	
\12	3	9	7\3	1	2	8\	26\6	4	2	16\	27\
	\8	7	1	11\23	6	5	9	3	4\12	4	8
	34\	16\18	4	2	3	1	8	12\7	1	2	4
\16	7	6	2	1	15\22	2	7	4	3	1	5
\7	6	1	14\13	5	8	23\3	2	1	21\15	6	9
\21	4	2	5	3	1	6	32\10	2	4	3	1
\21	8	4	9	17\33	4	9	7	5	8	33\	
\12	9	3	6\24	5	2	8	9	6\16	9	7	17\
		10\4	1	3		\7	6	1	7\17	8	9
	4\18	7	5	6	12\	4\33	8	5	4	9	7
\3	1	2	\15	1	9	3	2	\6	2	3	1
\4	3	1	\6	2	3	1		\7	1	6	

			41\	10\	7\		26\	34\		11\	3\
		\6	2	3	1	\4	3	1	10\3	2	1
	23\	8\20	9	7	4	12\21	6	3	1	9	2
\22	9	5	8	15\31	2	5	8	7	9	10\	26\
\20	8	2	7	3	26\21	4	9	8	8\3	1	2
\21	6	1	5	2	4	3	37\27	9	7	3	8
		\7	4	1	2	22\20	4	6	1	2	7
		\34	6	4	8	9	7	27\	\13	4	9
	11\	20\	\35	5	6	8	9	7	28\		
\13	5	8	13\	22\15	1	5	3	2	4		
\22	3	1	9	4	5	8\23	8	9	6	16\	6\
\10	1	2	4	3	27\38	5	6	8	7	9	3
\11	2	9	13\15	5	8	2	20\12	1	5	4	2
	3\	11\18	4	2	3	1	8	3\6	2	3	1
\27	2	8	9	1	7	\6	3	2	1		
\4	1	3	\16	7	9	\13	9	1	3		

	15\	33\			7\	12\	26\		20\	32\	15\
\10	3	7		16\6	1	3	2	\20	9	8	3
\14	5	9	\27	6	4	9	8	27\6	3	2	1
\12	4	8	21\3	1	2	\34	9	7	8	6	4
\10	1	3	4	2		\8	7	1	20\11	9	2
\19	2	6	8	3		15\	21\29	8	9	7	5
	11\	6\13	9	4	\10	1	4	2	3	19\	
\3	2	1		26\	7\34	4	9	6	8	7	9\
\12	9	3	23\27	9	2	5	8	3	\4	3	1
	\16	2	6	4	1	3		21\	15\17	9	8
	25\	18\17	8	3	4	2	\15	6	9	15\	34\
\29	8	5	9	7	26\		\18	1	5	4	8
\3	1	2	7\3	1	2		10\10	2	1	3	4
\17	4	3	1	2	7	10\16	7	9	\14	5	9
\20	9	7	4	\22	9	8	2	3	\9	2	7
\6	3	1	2	\11	8	2	1		\7	1	6

	14\	12\	10\	9\	9\	-	-	-	17\	12\	4\
\34	9	8	4	6	7	-	-	10\6	2	3	1
\15	5	4	3	1	2	34\	12\19	1	6	9	3
-	10\	30\3	1	2	7\10	4	3	2	1	-	-
\13	3	8	2	35\31	4	8	9	7	3	19\	14\
\8	1	7	\14	6	1	7	10\	39\21	5	9	7
\13	4	9	4\22	8	2	6	1	5	\3	2	1
\12	2	6	1	3	22\18	9	2	7	9\14	8	6
-	20\	8\19	3	7	9	15\24	7	9	8	10\	26\
\14	9	5	\19	9	8	2	12\16	6	1	2	7
\10	8	2	17\15	2	5	3	1	4	\3	1	2
\6	3	1	2	22\	12\21	4	9	8	12\13	4	9
-	-	\15	3	5	4	1	2	6\13	2	3	8
-	9\	14\29	7	9	8	5	14\4	1	3	10\	12\
\28	7	9	4	8	-	\33	9	3	6	7	8
\8	2	5	1	-	-	\15	5	2	1	3	4

145

		16\	10\				26\	5\		21\	28\
	29\4	3	1	4\		\3	2	1	4\15	6	9
\26	8	6	9	3	11\	10\17	7	4	3	2	1
\11	9	2	\16	1	2	4	9	13\7	1	4	2
\8	7	1	13\	8\28	5	6	8	9	3\13	5	8
\15	5	4	3	2	1	34\	22\10	4	2	1	3
	4\	12\33	8	6	3	7	9	3\9	1	3	5
\6	1	3	2	5\	7\19	9	8	2		4\	6\
\12	3	9	\15	3	2	4	5	1	20\7	3	4
	39\	22\	3\9	2	1	6	30\	12\6	3	1	2
\7	4	2	1	8\32	4	8	6	5	9	15\	24\
\13	7	3	2	1	11\	17\34	9	7	8	4	6
\13	8	5	5\27	7	3	9	8	12\	\13	5	8
\19	9	7	3	12\29	5	8	7	9	13\12	3	9
\15	5	4	2	3	1		\10	3	4	2	1
\7	6	1	\11	9	2			\10	9	1	

		↓37	↓3			↓4	↓6		↓27	↓4	↓3
	↓10 →3	2	1		↓15 →3	1	2	→6	3	1	2
→8	1	5	2	↓19 →10	6	3	1	↓4 →11	7	3	1
→13	4	9	→3	2	1	↓12 →13	3	1	9	↓18	↓23
→8	2	6	↓4 →23	9	8	6	↓4 →26	3	8	6	9
→19	3	7	1	8	↓19 →4	3	1	↓28	→13	5	8
	→11	8	3	↓27 →22	8	2	3	9	↓12 →4	1	3
	↓32	↓15	↓3 →6	3	2	1	↓10 →10	4	3	2	1
→29	8	4	1	7	9	↓27 →24	1	8	9	4	2
→24	9	5	2	8	↓5 →19	9	3	7	↓4	↓32	
→3	2	1	→27	9	4	8	6	↓6 →3	1	2	↓14
→10	7	3	↓10	↓12 →8	1	7	↓10 →22	2	3	9	8
→12	6	2	1	3	↓19 →6	3	2	1	→6	5	1
	↓8	↓12 →21	4	9	8	↓6 →4	1	3	↓4 →3	1	2
→19	7	9	3	→21	9	5	7	→11	1	7	3
→6	1	3	2	→3	2	1		→11	3	8	

	19\	10\		4\	10\		32\	9\		4\	6\
\3	2	1	\3	1	2	\3	2	1	8\3	1	2
\12	9	3	10\4	3	1	23\16	6	2	1	3	4
\11	8	2	1	14\34	4	8	9	6	7	21\	11\
	\24	4	2	1	3	6	8		\16	9	7
	6\	19\5	3	2	28\16	9	7	8\	7\9	8	1
\28	2	8	4	5	9	20\	10\10	1	2	4	3
\3	1	2	\39	6	8	9	4	7	5	19\	7\
\12	3	9	13\	11\16	7	8	1	10\	\3	2	1
	7\	6\27	9	8	4	3	2	1	15\10	8	2
\10	2	1	4	3	21\	7\19	3	2	1	9	4
\6	4	2		\4	3	1	10\13	4	9	26\	
\4	1	3	8\	22\24	5	4	1	3	2	9	7\
	4\	7\15	1	5	4	2	3	10\15	3	8	4
\32	3	5	7	9	8	\13	4	9	\3	2	1
\3	1	2	\9	8	1	\3	2	1	\9	7	2

			10\	29\	34\	7\	4\		26\	3\	
		37\15	2	5	4	1	3	\11	9	2	
	16\31	4	8	7	9	2	1	21\8	7	1	
\12	4	8	\21	9	8	4	32\3	1	2	26\	11\
\15	6	9	\14	8	6	6\33	6	7	8	9	3
\10	3	7	10\	21\26	7	2	8	9	\3	2	1
\19	2	6	3	8	\7	1	2	4	12\9	7	2
\10	1	3	2	4	18\12	3	9	7\14	1	8	5
	27\	10\21	4	9	8	20\12	7	2	3	37\	18\
\6	3	2	1	11\8	1	7	\27	4	6	9	8
\11	8	3	\7	1	2	4	15\13	1	2	7	3
\13	9	4	10\17	3	4	9	1	24\	\12	8	4
\17	7	1	4	2	3	22\11	2	9	\4	3	1
		4\8	3	5	15\22	9	5	8	9\8	6	2
	\3	1	2	\21	6	5	3	1	2	4	
	\4	3	1	\34	9	8	4	6	7		

	32\	17\	5\	26\	15\	14\		29\	33\		
\38	9	6	3	7	5	8	\16	9	7	4\	9\
\34	8	5	2	9	4	6	13\26	8	9	3	6
\10	7	3	\10	8	2	\15	4	5	2	1	3
\3	2	1	\3	2	1	6\17	9	7	1	12\	28\
\8	6	2	16\	7\4	3	1	29\	\23	8	6	9
		\4	3	1	10\12	3	9	\16	6	2	8
	26\	10\25	9	4	3	2	7	7\	13\8	1	7
\17	7	3	4	2	1	9\15	5	2	1	3	4
\3	2	1	37\	\24	2	1	8	4	9		
\20	9	4	7	\6	4	2	32\4	1	3	32\	15\
\16	8	2	6	11\	8\15	6	9	22\	\11	8	3
	4\	10\8	5	2	1	\3	2	1	\4	3	1
\32	3	8	9	5	7	4\17	8	9	12\14	9	5
\14	1	2	8	3	\37	3	6	8	9	7	4
		\3	2	1	\22	1	7	4	3	5	2

	4\	7\	13\	13\		6\	14\		23\	11\	3\
\11	3	2	1	5	\12	3	9	10\19	9	8	2
\15	1	4	2	8	7\21	2	5	4	6	3	1
	\4	1	3	27\3	2	1	19\10	2	8	15\	4\
	4\	3\20	7	9	4	\3	2	1	\7	4	3
\3	1	2	15\7	6	1	17\12	9	3	33\3	2	1
\10	3	1	2	4	12\9	1	8	\9	6	3	10\
	16\	29\29	5	8	9	7	3\	\6	3	1	2
\11	7	3	1	\6	3	2	1	25\22	9	5	8
\20	9	7	4		8\13	3	2	1	7	8\	4\
	4\12	9	3	10\9	5	4	6\26	9	8	6	3
\11	3	8	\3	2	1	\9	2	7	28\3	2	1
\3	1	2	19\5	3	2	19\20	3	8	9	20\	
	4\	9\3	2	1	8\3	2	1	8\15	7	8	4\
\30	1	2	8	4	6	9	\26	6	8	9	3
\19	3	7	9	\10	2	8	\10	2	4	3	1

151

			24\	16\	37\	14\	27\		38\	3\	11\
		\16	1	2	4	6	3	\6	3	1	2
	18\	39\34	6	4	7	8	9	10\19	8	2	9
\33	3	7	8	6	9	\18	8	3	7	14\	13\
\22	2	6	5	1	8	7\32	7	2	6	8	9
\21	1	5	4	3	6	2	\16	1	5	6	4
\16	7	9	7\	12\4	3	1	11\13	4	9		
\28	5	8	6	9	8\13	4	9	4\	13\	38\	
	\10	4	1	3	2	17\10	2	1	4	3	16\
			24\	14\11	6	5	39\20	3	9	6	2
	14\	4\17	9	8	\16	9	7	34\	15\6	5	1
\15	8	1	4	2	22\38	3	9	8	5	7	6
\16	6	3	2	1	4	\23	4	6	1	9	3
	12\	3\14	5	3	6	7\30	6	9	3	8	4
\12	8	1	3	\15	3	1	5	4	2		
\7	4	2	1	\34	9	6	8	7	4		

	32\	15\		38\	4\	13\				15\	10\
\3	2	1	7\6	3	1	2		3\	20\14	5	9
\37	8	4	6	9	3	7	26\15	2	9	3	1
\16	6	2	1	7	19\23	3	9	1	8	2	11\
\10	7	3	\19	6	4	1	8	6\6	3	1	2
\14	9	5	10\6	5	1	\4	3	1	\13	4	9
	12\	4\20	3	8	9	6\9	6	3	11\		
\12	8	3	1	\3	2	1	32\5	2	3	12\	8\
\7	4	1	2	19\11	3	2	6	\6	2	3	1
		\13	4	9	11\12	3	9	38\21	5	9	7
	4\	32\	\3	2	1	\6	2	3	1	15\	32\
\3	1	2	8\11	8	3	12\12	7	5	\13	4	9
\13	3	8	2	10\28	5	6	8	9	13\11	3	8
	3\16	6	1	4	2	3	4\29	8	9	5	7
\19	1	7	5	6	\23	1	3	7	4	2	6
\11	2	9			\9	2	1	6	\3	1	2

153

			17\	21\	10\	20\				37\	3\
	39\	22\14	8	2	1	3			\5	4	1
\35	7	5	9	4	2	8	8\		23\8	6	2
\7	6	1	11\24	6	7	9	2	33\4	1	3	7\
\29	9	7	8	5		24\21	1	7	3	8	2
\10	4	3	2	1	6\31	8	5	6	4	7	1
\22	5	4	1	3	2	7	\27	8	6	9	4
\10	8	2	37\	16\12	3	9	10\16	9	7		
		\9	6	2	1	7\6	1	3	2	37\	25\
	24\	22\3	2	1	\4	1	3	23\	14\3	2	1
\21	8	2	7	4	7\39	4	6	7	8	9	5
\22	7	4	5	3	1	2	\12	1	2	6	3
\26	9	1	8	6	2	21\	20\22	3	4	7	8
	6\14	5	9	\27	4	9	8	6	4\7	5	2
\4	1	3			\37	7	9	4	3	8	6
\12	5	7			\11	5	3	2	1		

	10\	21\	7\	29\		14\	7\	11\	35\	37\	
\27	6	8	4	9	\16	4	1	2	6	3	13\
\22	4	9	2	7	22\39	8	6	5	7	9	4
	\15	4	1	5	3	2	19\26	3	8	6	9
	19\	8\	\13	8	5	21\22	9	1	5	7	5\
\4	3	1		\19	4	7	8	6\21	9	8	4
\14	9	5	20\	\11	1	5	2	3	20\5	4	1
\17	7	2	8	9\16	7	9	37\9	2	7		
		\6	3	1	2	23\7	2	1	4	19\	6\
	7\	38\11	9	2	12\16	9	7	\19	9	8	2
\6	1	5	29\30	6	7	8	9		\3	2	1
\20	6	9	5	13\14	3	6	5	28\	\12	9	3
	4\10	3	4	1	2	7\14	6	8	14\	20\	
\26	3	8	9	6	14\33	4	8	7	5	9	3\
\21	1	6	3	4	5	2	\10	4	2	3	1
	\27	7	8	2	9	1	\26	9	7	8	2

	13\	11\	4\	21\		12\	7\		13\	37\	
\10	4	3	1	2	\3	1	2	3\6	1	5	12\
\24	9	8	3	4	16\21	3	5	1	2	6	4
		34\	8\23	6	9	8	\26	2	7	9	8
	29\18	8	2	1	7	9\	36\	\11	3	8	4\
\28	8	9	6	5	22\8	1	7	7\	\10	7	3
\13	7	6	\24	3	7	2	8	4	5\3	2	1
\16	9	7	4\	20\23	3	6	9	1	4	16\	29\
\15	5	4	1	3	2	13\15	4	2	1	3	5
	3\	22\18	3	8	4	1	2	26\	\14	6	8
\4	1	3	\24	9	1	3	6	5	12\10	1	9
\9	2	7	26\	\14	5	9	13\28	8	9	4	7
	14\3	1	2	3\		6\10	4	1	3	2	
\20	9	2	8	1	4\18	3	9	6	13\	3\	4\
\22	5	4	7	2	3	1	\10	2	4	1	3
	\14	5	9	\3	1	2	\16	4	9	2	1

		15\	8\		6\	4\		11\	7\	19\	12\
	\4	3	1	22\4	1	3	\28	5	6	9	8
	19\22	4	3	9	5	1	3\14	2	1	8	3
\26	9	5	4	8	20\	15\4	1	3	4\3	2	1
\10	8	2	\21	5	4	6	2	1	3	16\	
\3	2	1	19\	12\16	7	9	8\	4\3	1	2	7\
		16\13	1	3	9	13\6	5	1	29\3	1	2
	7\22	6	7	9	23\21	6	2	3	5	4	1
\14	4	2	8	6\11	8	2	1	8\14	7	3	4
\21	2	1	3	4	6	5	22\22	7	9	6	
\4	1	3	13\11	2	9	3\18	9	1	8	15\	18\
	\13	4	9	10\	4\9	1	8	22\	\12	4	8
	21\	6\24	4	1	3	2	5	9	7\14	5	9
\9	8	1	3\3	2	1	4\	6\14	8	2	3	1
\18	9	3	2	4	\15	3	4	5	1	2	
\10	4	2	1	3	\3	1	2	\5	4	1	

157

■	13\	4\	16\	21\	■	■	14\	4\	13\	21\	11\
\11	5	3	2	1	■	23\32	9	3	7	5	8
\15	8	1	4	2	16\21	6	5	1	2	4	3
■	■	16\28	6	8	5	9	■	8\4	3	1	12\
■	26\33	6	3	7	9	8	4\12	6	1	2	3
\18	8	4	1	3	2	32\3	1	2	7\15	6	9
\9	7	2	■	■	3\10	7	3	11\9	6	3	■
\3	2	1	■	4\11	2	9	3\3	2	1	15\	12\
\12	9	3	3\20	3	1	5	2	9	\7	5	2
■	■	37\3	2	1	4\4	3	1	■	\3	2	1
■	3\7	6	1	9\11	3	8	10\	34\	22\4	1	3
\11	2	9	21\7	6	1	15\34	7	9	8	4	6
\21	1	8	9	3	\16	2	1	6	4	3	■
■	14\4	3	1	8\	3\26	9	2	8	7	12\	4\
\36	9	7	8	6	2	4	\10	4	2	3	1
\15	5	4	3	2	1	■	\20	7	1	9	3

			31\	27\	13\			13\	14\	4\	14\
	15\	22\7	1	2	4		7\16	2	4	1	9
\34	4	7	6	8	9	\15	2	4	1	3	5
\14	2	4	7	1		30\20	4	7	9	11\	29\
\21	3	2	9	7	16\8	7	1		\11	3	8
\33	5	1	8	3	7	9	6\	13\	\14	5	9
\4	1	3	20\26	6	9	8	1	2	14\9	2	7
	\14	5	9	19\	11\21	6	2	3	4	1	5
	10\	26\6	3	2	1	16\20	3	8	9	21\	
\31	2	7	8	9	4	1	16\	24\4	1	3	35\
\11	3	8	\24	8	6	2	7	1	21\8	2	6
\3	1	2			9\39	4	9	5	7	6	8
\13	4	9	20\	13\15	6	9	\29	7	8	5	9
	11\	7\7	4	1	2		12\11	3	2	1	5
\18	3	2	7	5	1	\29	9	6	3	4	7
\29	8	5	9	7		\6	3	2	1		

■	26\	16\	23\	■	26\	16\	■	■	33\	19\	16\
\22	7	6	9	4\11	8	3	■	4\11	6	2	3
\30	8	2	6	1	9	4	\16	1	8	3	4
\37	9	4	8	3	7	6	\26	3	9	8	6
\3	2	1	33\	\3	2	1	4\	6\6	3	1	2
■	\10	3	7	4\	12\22	2	3	4	7	5	1
■	■	\7	4	1	2	21\3	1	2	28\	5\	4\
■	4\	16\18	5	3	1	9	8\	\10	6	1	3
\18	1	9	8	\22	9	8	5	4\7	2	4	1
\19	3	7	9	4\	10\10	4	2	1	3	■	■
■	16\	27\	33\3	1	2	34\12	1	3	8	32\	■
\36	4	5	7	3	8	9	11\	\16	9	7	10\
\19	2	9	8	13\	\5	4	1	7\	16\4	3	1
\10	1	2	3	4	\39	8	5	6	7	9	4
\22	3	4	6	9	\22	7	2	1	4	5	3
\22	6	7	9	■	\9	6	3	\15	5	8	2

	10\	22\	28\	8\	11\		21\	13\	14\	10\	21\
\15	3	5	4	2	1	\33	6	3	9	7	8
\32	7	9	8	6	2	15\15	3	1	5	2	4
	\15	8	7	21\29	8	5	9	7	\10	1	9
		\17	9	8	16\7	4	1	2	14\	23\	
		37\	5\10	4	3	1	2	\15	9	6	16\
	14\21	6	1	9	2	3	35\	3\8	5	1	2
\21	8	9	4	12\15	4	2	8	1	\4	3	1
\9	2	7	\15	9	6	22\11	9	2	4\16	7	9
\6	1	5	6\11	3	1	2	5	19\7	1	2	4
\16	3	8	5		15\16	1	6	2	3	4	
	\3	2	1	13\27	3	9	7	8	26\		
	22\	9\	\13	2	4	7	24\17	9	8	6\	
\9	8	1	12\13	1	2	3	7	9\3	2	1	8\
\15	5	2	4	3	1	\33	8	6	9	3	7
\35	9	6	8	7	5	\22	9	3	7	2	1

161

162

		12	14	21	24	4	16	24	14		45
	\37	7	6	1	3	4	9	2	5	38\8	8
	45\21	5	7	3	6	40\24	2	1	9	8	4
6	6	33\32	1	9	2	7	5	8	13\7	4	3
11	7	4	26\14	8	1	5	\20	9	2	3	6
15	8	2	5	\16	7	9	29\14	4	3	6	1
16	4	3	9	24\19	5	6	8	\10	7	1	2
21	5	6	8	2	\7	3	4	21\17	1	9	7
12	2	1	4	5	21\17	8	6	3	18\16	7	9
12	3	9	5\28	6	8	2	1	7	4	7\5	5
25	1	8	3	4	9	1\20	7	5	6	2	
9	9	\36	2	7	4	1	3	6	8	5	

163

	9		21	19	21	7	4		5	32	36
\2	2	8\26	1	6	8	7	4	26\17	3	9	5
\28	7	6	3	8	4	30\	23\17	5	2	1	9
8\31		2	4	5	3	9	1	7	12\14	8	6
\8	8	37\7	7	26\30	6	2	9	4	5	3	1
28\19		9	6	4	17\26	3	5	1	7	2	8
\8	5	3	11\26	9	2	1	8	6	28\11	4	7
\29	4	7	2	1	9	6	18\16	3	8	5	3\
\38	6	8	9	7	1	5	2	19\4	4	13\3	3
\4	3	1	13\41	2	5	4	7	8	9	6	6\
\25	9	5	8	3	7\	8\20	6	2	1	7	4
\10	1	4	5	\33	7	8	3	9	6	\2	2

164

	7	26			21	18	18	4	12	5	26
\10	7	3	38\	31\35	8	6	9	1	4	5	2
14\39		5	7	4	1	9	2	3	8	8\6	6
\35	9	2	8	1	5	3	7	41\	33\10	6	4
\32	5	8	9	6	4	12\	4\13	7	3	2	1
24\37		1	5	2	3	7	4	9	6	32\8	8
\18	6	7	2	3	6\4	4	23\23	8	1	9	5
\4	4	15\41	3	7	6	1	5	2	9	8	12\
\22	1	9	4	8	18\	15\23	6	5	2	7	3
\8	2	6	7\	14\37	7	8	1	4	5	3	9
\3	3	4\42	1	9	2	5	8	6	7	4	7\
\37	8	4	6	5	9	2	3		\8	1	7

165

	30			4	6	13	14	13	33	2	18
7	7	43\	13\38	1	6	8	5	4	9	2	3
17	5	1	8	3	18\21	4	2	9	6	43\7	7
17	9	5	3	30\12	7	1	4	21\16	2	6	8
25	6	7	2	9	1	14\20	3	5	8	4	9\
7	3	4	32\19	5	8	6	23\19	2	1	7	9
	4\45	9	4	8	2	3	1	6	7	5	18\
22	4	3	9	6	21\13	5	7	1	12\10	8	2
	11\16	8	1	2	5	18\29	6	7	3	9	4
21	8	6	7	11\15	4	2	9	11\9	5	3	1
2	2	2\25	6	7	3	9	8\18	8	4	1	5
39	1	2	5	4	9	7	8	3		\6	6

166

	30	44	21		21	9		45	14	3	22
16	2	5	9	\12	4	8	16\17	7	1	3	6
18	5	6	7	45\18	3	1	8	2	4	\9	9
25	8	3	5	7	2	22\16	1	6	9	42\4	4
13	9	4	13\21	5	6	2	7	1	21\11	8	3
33	6	9	8	1	5	4	29\12	3	7	2	
	\45	7	4	2	1	3	9	5	8	6	23\
	15\18	8	1	9	24\27	7	3	4	6	5	2
3	1	2	11\31	3	8	6	5	9	10\11	4	7
3	3	\17	6	4	7	14\25	2	8	5	9	1
7	7	1\26	2	6	9	5	4	\12	3	1	8
16	4	1	3	8	\15	9	6	\14	2	7	5

167

		16\	41\		4\	18\	29\	20\	5\	13\	36\
	1\8	6	2	28\37	4	3	9	1	5	7	8
\18	1	3	9	5	14\18	8	4	6	\9	2	7
	44\36	7	3	8	1	6	2	9	40\9	4	5
\5	5	12\37	7	2	6	1	8	4	9	20\3	3
\31	8	2	5	9	7	5\6	6	25\8	4	3	1
\21	7	9	1	4	27\5	5	13\19	3	2	8	6
\12	3	1	8	17\5	5	22\28	7	2	6	9	4
\4	4	17\39	6	1	9	7	5	8	3	12\2	2
\10	6	4	\35	3	2	9	1	7	8	5	9\
\10	2	8	4\13	6	3	4	3\22	5	7	1	9
\38	9	5	4	7	8	2	3	\7	1	6	

168

	8\	9\		8\	14\	18\	24\		23\	39\	7\
\10	1	9	24\16	3	6	2	5	31\19	4	8	7
\4	4	4\41	7	5	8	6	1	3	2	9	27\
\15	3	4	8	37\	7\30	9	2	1	5	7	6
	28\	32\45	9	6	5	1	7	2	8	3	4
\11	5	6	21\10	8	2	4\24	9	7	1	4	3
\22	6	8	1	7	24\4	4	11\19	9	3	2	5
\17	2	7	4	1	3	23\13	8	5	22\15	6	9
\45	8	5	6	2	1	7	3	4	9	5\	11\
\33	7	3	2	4	9	8	10\	14\12	6	5	1
	9\43	1	3	9	4	5	6	8	7	1\2	2
\16	9	2	5	\20	7	3	4	6	\9	1	8

169

		20\	8\	15\	33\	12\		24\	5\	20\	45\
	\26	9	6	8	1	2	9\19	3	5	4	7
	45\32	5	2	7	6	3	1	8	32\13	9	4
\14	8	6	34\	7\31	2	7	3	4	9	1	5
\4	4	11\18	9	1	8	10\23	5	7	3	6	2
\33	3	8	5	6	7	4	36\3	2	1	5\9	9
\10	6	3	1	23\18	9	5	4	11\17	7	2	8
\7	7	14\6	4	2	12\32	1	9	5	8	3	6
\27	9	2	8	3	5	23\17	7	6	4	20\1	1
\37	2	1	7	9	4	6	8	10\	8\8	5	3
\5	1	4	3\40	5	3	8	2	9	6	7	
\19	5	7	3	4	\26	9	6	1	2	8	

170

	38\	20\	18\		15\	7\	15\	45\	17\	7\	
\20	8	3	9	\25	2	5	6	1	4	7	9\
\18	6	7	5	45\24	4	2	9	8	1	16\3	3
\18	1	2	4	8	3	25\	14\27	9	7	5	6
\17	9	8	6\28	7	6	3	5	4	2	1	36\
\5	5	16\10	6	4	22\30	1	8	7	3	2	9
\11	7	4	21\21	3	9	6	1	2	9\13	8	5
\26	2	5	3	1	8	7	16\15	6	9	22\4	4
	7\35	6	7	2	5	8	4	3	19\10	9	1
\16	4	1	2	9	8\	13\29	3	5	8	6	7
\3	3	9\30	8	5	1	9	7	\12	6	4	2
	\29	9	1	6	7	4	2	\16	5	3	8

171

		38		1	13	15	17	31	37	5	26
	18\3	3	4\42	1	8	9	6	2	7	5	4
12	1	8	3	9\31	5	6	7	9	4	4\2	2
15	2	7	1	5	16\	19\30	4	6	8	3	9
14	9	5	41\9	4	3	2	23\22	7	6	1	8
20	6	9	5	35\22	2	7	8	4	1	36\3	3
	27\45	6	4	9	7	1	5	3	2	8	19\
3	3	3\20	2	8	4	5	1	9\22	9	7	6
18	5	2	8	3	16\14	4	9	1	8\13	6	7
27	4	1	9	7	6	11\	5\18	8	3	2	5
8	8	4\27	7	6	9	3	2	5\10	5	4	1
36	7	4	6	2	1	8	3	5	\9	9	

172

	14	4	1	25	11		10		16	22	24
21	6	4	1	2	8	45\9	9	14\15	3	7	5
7	7	22\	27\38	4	3	2	1	6	5	8	9
21	1	5	6	9	26\7	7	27\17	3	8	2	4
	13\34	8	9	7	2	1	3	4	25\11	5	6
45	4	2	7	3	9	5	8	1	6	17\	9\
18	9	7	2	20\14	6	3	5	31\13	1	4	8
	18\	19\45	3	8	5	6	4	2	7	9	1
6	5	1	17\39	6	4	9	7	8	2	3	12\
17	2	6	4	5	8\8	8	8\20	7	9	1	3
43	3	9	8	1	7	4	6	5	4\	6\2	2
16	8	3	5	\1	1	\28	2	9	4	6	7

173

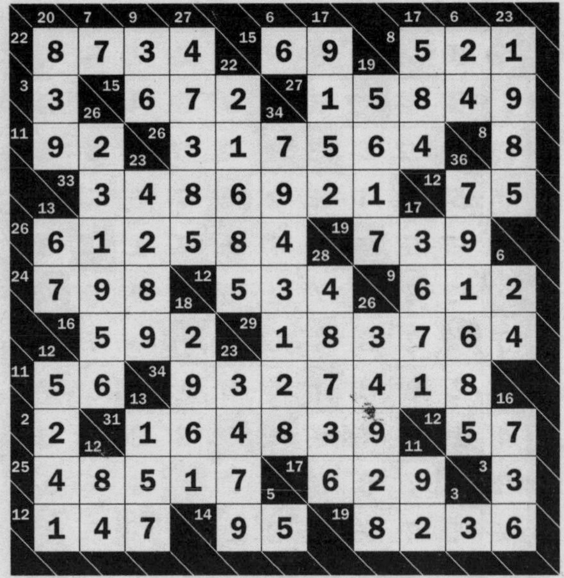

174

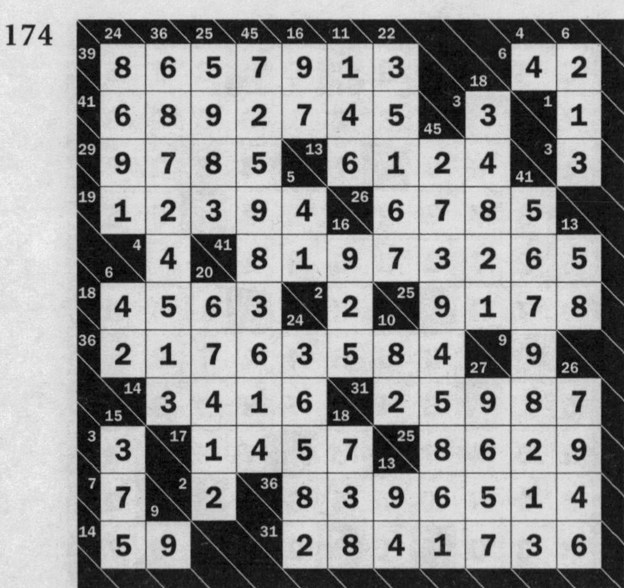

175

	9	15	24			7	21	25	16	11	38
18	9	6	3	17\	16\27	7	5	1	8	4	2
2\22		9	4	8	1	33\23	6	2	3	7	5
2	2	22\34	7	4	3	6	1	8	5	24\9	9
34\37		4	2	5	6	8	9	3	9\8	1	7
16	1	7	8	28\6	2	4	24\23	5	9	6	3
8	7	1	5\24	3	4	9	2	6	20\13	5	8
17	3	2	5	7	29\9	1	8	20\19	6	9	4
14	6	8	16\31	9	5	2	7	4	1	3	6\
5	5	8\34	1	2	8	3	4	9	7	10\6	6
25	4	5	6	1	9	5\20	3	7	2	8	1\
38	8	3	9	6	7	5		\7	4	2	1

176

	19	12	20		8	6	36	30	8		18
7	2	4	1	26\29	8	6	7	5	3	27\9	9
30	6	7	9	8		37\15	2	1	5	3	4
17	3	1	6	7	37\21	9	4	8	18\7	2	5
8	8	33\37	4	2	6	7	3	9	1	5	4\
11\5		5	14\40	9	2	3	6	7	8	4	1
12	4	6	2	19\14	1	5	8	15\19	9	7	3
39	7	9	5	3	4	8	1	2	19\6	6	23\
15\37		3	7	1	9	4	5	6	2	18\8	8
11	9	2	11\10	4	5	1	\24	3	7	8	6
24	1	8	3	5	7	2\	9\21	4	6	9	2
5	5	\28	8	6	3	2	9	\12	4	1	7

177

	16\	9\	1\	23\			27\	22\	4\	17\	11\
\16	3	5	1	7	10\	45\29	6	9	4	2	8
\12	8	4	40\21	6	5	1	2	7	39\12	9	3
\5	5	15\40	9	2	4	7	8	3	1	6	20\
26\41		3	5	8	1	6	7	2	9	19\4	4
\15	6	2	7		35\30	8	3	1	5	4	9
\18	7	9	2	22\13	8	4	1	\14	6	3	5
\28	4	1	3	9	6	5	18\	23\17	8	7	2
\9	9	21\36	8	1	7	2	4	6	3	5	14\
3\44		8	6	5	2	3	9	4	7	9\1	1
\9	2	7	4\29	4	3	9	5	8	2\7	1	6
\23	1	6	4	3	9		\22	5	2	8	7

178

		1\	8\	34\	39\		9\	9\	21\	26\	23\
16\21		1	8	9	3	45\24	5	2	4	6	7
\1	1	16\	14\44	5	8	6	4	7	2	3	9
\31	3	4	9	6	2	7		\14	5	8	1
\28	7	3	5	8	4	1	36\	36\17	6	9	2
\12	5	7	23\29	2	9	8	1	6	3	17\4	4
29\45		2	7	3	6	9	8	4	1	5	22\
\9	9	28\24	6	1	7	2	3	5	16\12	4	8
\17	8	6	3		\28	4	2	9	7	1	5
\14	4	8	2	11\	6\31	5	6	1	9	7	3
\39	2	9	1	4	5	3	7	8	8\	2\6	6
\23	6	5	4	7	1	\22	9	3	8	2	

179

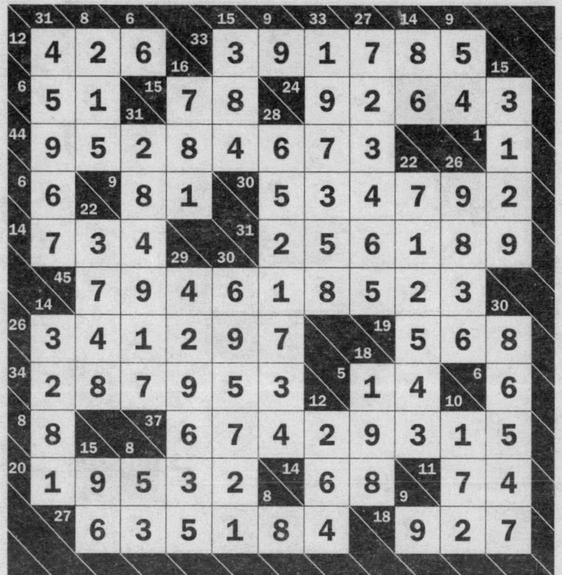

180

Clue cells are written as down\across.

	42\		30\	34\	16\	16\	32\		12\	5\	2\
\1	1	41\34	9	8	7	6	4	11\10	3	5	2
\45	8	7	4	6	3	5	1	2	9	40\	
\41	5	8	2	7	6	1	3	9	6\4	4	43\
\17	6	1	7	3	\12	4	8	34\16	2	9	5
\21	2	6	8	5	29\	3\24	9	3	4	1	7
\14	9	5	6\23	4	1	3	7	8	27\8	2	6
\24	7	9	5	1	2	26\	\21	4	8	6	3
\7	4	2	1	11\14	5	9	13\24	7	6	3	8
	\3	3	9\42	9	8	2	6	1	5	7	4
	3\	4\45	3	2	4	7	5	6	1	8	9
\13	3	4	6	\31	9	8	2	5	7	\1	1

181

	25	8	2	31	8	21	28		42	34	
32	5	8	2	7	1	6	3	12\13	4	9	21\
2	2	1\	\43	1	7	5	6	3	9	8	4
7	6	1	43\4	4	6\34	3	5	9	8	2	7
8	8	36\27	1	9	6	7	4	33\10	5	3	2
18	4	6	3	5	31\	2\27	9	7	2	1	8
20\45		9	5	3	8	2	1	4	6	7	24\
26	9	5	7	2	3	22\	8\19	8	1	4	6
16	3	4	9	14\24	2	1	8	6	7	5\5	5
37	7	3	8	6	9	4	9\2	2	\6	5	1
42	1	7	6	8	4	9	2	5	3\	6\3	3
	\6	2	4	\39	5	8	7	1	3	6	9

182

	38	28	11		9	4	37	17	13	20	
17	8	2	7	27\28	9	4	6	5	1	3	3\
22	5	7	4	6	2\	35\23	1	8	2	9	3
17	9	8	13\28	3	2	5	7	4	6	1	42\
21	6	5	8	2	34\12	3	9	28\12	4	7	1
36	2	6	3	5	8	7	4	1	20\	\9	9
3	3	\37	2	7	4	1	8	6	9	25\5	5
1	1	17\	21\44	4	6	9	2	7	3	5	8
18	4	9	5	18\3	1	2	5\24	3	8	6	7
7\39		3	6	1	7	8	5	9	12\6	2	4
24	7	4	1	9	3	6\	3\21	2	5	8	6
	\32	1	9	8	5	6	3	\13	7	4	2

183

	20		10		4	17	10	22	7	36	21
5	5	4\1	1	35\39	4	3	8	2	7	9	6
25	7	1	9	8	26\12	4	2	6	33\8	5	3
11	8	3	28\10	7	1	2	34\24	9	5	6	4
	1\	41\45	2	9	7	8	4	5	6	3	1
17	1	2	3	6	5	6\9	9	23\19	8	4	7
	24\45	9	4	5	8	6	3	7	1	2	8\
12	2	4	6	10\3	3	22\30	5	1	9	7	8
45	3	6	5	1	2	9	7	8	4	9\	16\
19	4	5	8	2	15\16	7	6	3	5\10	1	9
16	9	7	7\10	3	6	1	1\19	4	2	8	5
40	6	8	7	4	9	5	1	\3	3	\2	2

184

	31	20			8	12	2	4	15	9	18
11	8	3	40\	41\34	1	5	2	4	7	6	9
33	5	2	9	6	7	4	31\	41\12	8	1	3
23	3	7	4	9	29\14	1	5	8	30\8	2	6
45	6	8	5	1	4	2	7	9	3	16\	4\
9	9	13\13	8	3	2	8\23	1	6	5	7	4
	2\45	4	1	7	5	8	6	3	2	9	23\
25	2	9	6	5	3	25\12	4	7	1	20\8	8
	12\	12\45	7	2	9	3	8	1	6	4	5
5	4	1	5\21	8	6	7	12\19	5	9	3	2
15	7	5	3	4\	8\30	6	9	2	4	8	1
33	1	6	2	4	8	9	3		\12	5	7

185

186

	21	3	30	43	16	5	2			37	17
32	5	3	8	9	1	4	2	9\	15\13	7	6
8	8	9\15	3	4	7	1	24\22	9	6	2	5
33	3	9	7	6	8	35\5	5	36\7	2	1	4
4	4	33\6	1	5	20\35	9	6	3	7	8	2
41	1	5	9	7	2	6	3	8	30\4	4	
	\45	7	2	1	5	8	9	4	3	6	28\
	24\4	4	15\41	3	6	7	1	2	5	9	8
26	2	1	6	8	4	5	19\16	7	9	5\3	3
15	9	2	4	2\3	3	5\27	8	6	1	5	7
20	7	6	5	2	9\16	3	4	1	8	3\9	9
14	6	8		\31	9	2	7	5	4	3	1

187

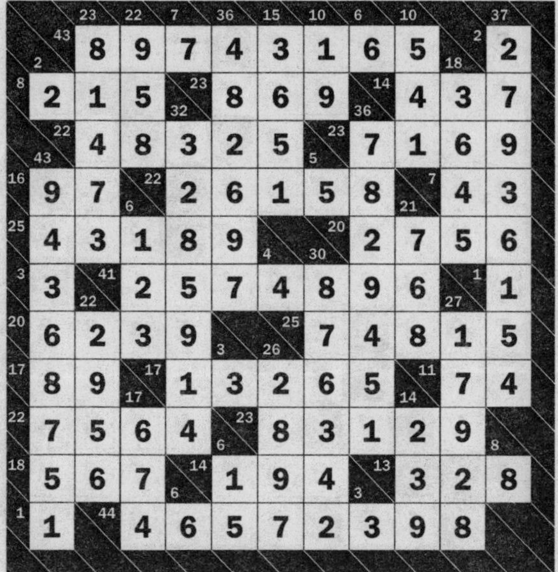

188

	14	42	9		25	6	4	19	31	12	
17	1	7	9	29\28	5	6	3	2	4	8	21\
11	2	9	6\10	7	3	30\24	1	8	5	4	6
28	5	4	1	3	7	8	11\15	9	6	\2	2
29	6	3	5	1	8	2	4	26\7	7	33\9	9
31\5	5	30\40	4	2	3	7	6	8	9	1	
27	4	6	8	9	7\5	5	30\13	7	1	2	3
38	9	8	3	5	6	1	2	4	11\7	7	24\
8	8	\6	6	16\31	1	7	9	3	2	5	4
7	7	3\10	2	8	13\28	4	6	1	9	3	5
19	3	1	4	2	9	9\13	8	5	3\13	6	7
\33	2	7	6	4	9	5	\12	3	1	8	

189

	26\	45\	44\	35\	36\	20\		11\	3\		20\
\29	2	8	4	9	5	1	7\10	7	3	\6	6
\36	6	1	5	8	4	2	7	3		45\9	9
\32	8	4	6	3	2	9	38\1	1	42\12	7	5
\38	9	5	7	4	3	8	2	\7	6	1	7\
\19	1	3	2	5	8	4\6	6	34\20	9	4	7
	7\45	2	8	6	7	4	5	9	1	3	18\
\16	7	6	3	\1	1	21\28	9	5	4	8	2
	12\16	7	9	10\29	6	3	8	4	5	2	1
\12	3	9	\7	7	9\26	6	1	8	2	5	4
\4	4		1\41	1	9	5	3	2	7	6	8
\5	5	\3	1	2	\37	7	4	6	8	9	3

190

	14\	4\		16\	19\	9\	12\	37\	24\		23\
\9	5	4	14\33	7	6	9	8	1	2	41\3	3
\2	2	41\17	3	9	5	29\26	4	7	1	8	6
\11	3	2	6	\13	8	5	24\21	4	7	1	9
\13	4	8	1	29\	14\32	2	9	3	6	7	5
	8\45	9	4	1	7	3	2	5	8	6	1\
\11	8	3	31\28	4	2	6	7	9	21\6	5	1
	23\45	7	5	2	1	4	6	8	3	9	21\
\31	7	6	8	5	4	1	9\	\14	9	3	2
\23	9	1	7	6	12\11	8	3	8\11	5	2	4
\31	6	5	9	8	3	7\7	1	2	4	4\7	7
\1	1	\32	2	3	9	7	5	6	\12	4	8

191

		6\	16\	41\	14\		15\	1\	17\	31\	15\
	29\23	6	8	4	5	45\22	2	1	3	9	7
\6	6	14\27	7	5	9	2	4	7\12	1	3	8
\11	3	5	1	2	17\34	9	8	7	6	4	30\
\17	8	9	4\13	7	2	3	1	37\15	5	6	4
\1	1	25\22	4	6	7	5	22\22	3	2	8	9
\6	4	2	25\35	9	8	6	7	5	4\4	1	3
\18	5	3	2	8	14\26	7	9	6	4	12\1	1
\12	2	1	9	1\21	3	8	6	4	24\12	7	5
	16\22	8	3	1	6	4	8\23	9	7	5	2
\21	9	7	5	3\18	4	1	3	2	8	2\6	6
\21	7	4	6	3	1	\24	5	8	9	2	

192

		23\		33\	2\	6\	38\	13\	39\	9\	22\
	19\4	4	3\41	3	2	6	9	8	7	5	1
\18	1	9	2	6	5\	30\27	7	5	3	4	8
\30	4	7	1	8	5	3	2	1\9	9	19\6	6
\11	8	3	42\5	5	38\29	7	6	1	4	9	2
\6	6	12\19	3	4	9	2	1	31\20	8	7	5
	26\45	5	9	7	1	4	8	6	2	3	23\
\7	2	1	4	2\31	3	8	5	9	6	17\7	7
\37	9	6	8	2	7	5	4\3	3	6\5	1	4
\3	3	10\7	7	10\35	8	1	4	2	5	6	9
\35	7	8	5	9	6	9\	3\10	4	1	2	3
\37	5	2	6	1	4	9	3	7	\8	8	

193

		37	1		19	7	15	19	32	5	20
	20\4	3	1	26\41	6	7	8	9	5	4	2
13	4	9	9\11	6	5	34\21	7	8	2	1	3
30	1	4	9	5	3	8	11\9	2	7	8\6	6
12	5	7	35\13	1	4	6	2	26\20	3	8	9
45	7	6	4	3	1	2	9	5	8	32\	25\
17	3	8	2	4	11\9	9	19\19	1	6	5	7
	25\	5\45	6	7	2	5	3	4	1	9	8
20	8	5	7	19\22	9	3	4	6	4\3	2	1
2	2	3\17	8	9	15\26	1	6	7	4	3	5
31	9	2	5	8	7	4\4	1	3	9\10	6	4
29	6	1	3	2	8	4	5	\16	9	7	

194

	24	9		23	6		26	5	35	15	13
15	8	7	17\10	4	6	45\20	1	5	3	2	9
21	7	2	9	3	10\11	5	6	17\13	1	8	4
2	2	21\43	8	7	3	1	4	9	6	5	11\
11	6	5	28\31	1	7	9	2	8	4	15\3	3
13	1	4	6	2	29\8	3	5	23\24	9	7	8
	14\45	9	7	6	4	2	8	1	5	3	21\
16	9	3	4	14\13	5	8	10\16	2	7	1	6
5	5	15\34	1	9	8	7	3	6	10\6	4	2
	7\44	6	2	5	9	4	7	3	8	15\1	1
16	3	8	5	8\7	1	6	9\22	4	2	9	7
18	4	1	3	8	2	\16	9	7	\11	6	5

195

	7		12	25	30	6	9	12	9	22	
2	2	17\43	5	3	7	6	9	4	8	1	32\
34	4	6	7	8	9	32\	11\11	5	1	3	2
8	1	7	22\23	9	2	5	4	3	26\14	6	8
	38\26	1	6	5	4	3	7	3\19	2	8	9
11	6	3	2	13\13	5	8	25\21	1	9	4	7
7	7	28\37	4	6	3	9	8	2	5	23\1	1
27	3	8	9	7	14\5	4	1	30\13	6	2	5
18	8	9	1	7\27	6	2	3	7	4	5	13\
13	9	4	11\22	2	8	1	5	6	10\10	7	3
11	5	2	3	1	1\	7\34	6	8	7	9	4
	\39	5	8	4	1	7	2	9	3	\6	6

196

	23	10	21	6	18	18	5		7	10	
40	4	8	9	6	1	7	5	40\5	2	3	21\
17	8	2	7	39\9	6	3	18\19	9	5	4	1
3	3	17\32	5	7	4	8	2	6	24\10	1	9
11	6	5	20\8	1	7	14\26	9	8	3	2	4
16	2	3	6	5	24\22	9	1	4	8	20\7	7
	22\45	9	4	8	2	1	6	3	7	5	24\
1	1	18\26	8	9	5	4	22\18	2	6	7	3
23	5	4	2	3	9	13\8	7	1	14\14	8	6
15	9	6	4\25	4	8	2	3	7	1	15\5	5
13	7	1	3	2	3\9	5	4	5\23	9	6	8
	\8	7	1	\37	3	6	8	5	4	9	2

197

	13		43	16	7	15	8	28		16	25
4	4	21\36	1	9	7	6	8	5	2\5	3	2
19	8	1	3	7	30\5	5	31\21	9	2	4	6
13	1	3	9	13\19	6	4	2	7	43\13	8	5
	\24	2	5	8	9	6\21	3	4	6	1	7
	32\44	8	6	5	4	2	7	3	9	29\1	1
18	3	7	8	16\12	2	1	9	10\15	5	6	4
2	2	24\43	4	6	5	3	1	8	7	9	
26	6	9	7	3	1	24\19	4	2	8	5	20\
13	7	6	2\21	4	3	9	5	7\11	1	2	8
12	5	4	2	1	8\8	8	6\25	6	3	7	9
14	9	5	\28	2	8	7	6	1	4	\3	3

198

199

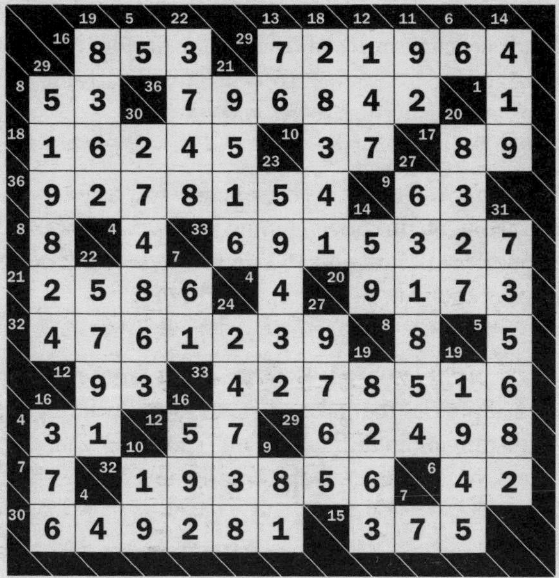

200

	1	17		27	23		13	4	34	15	24
9	1	8	10/11	3	7	26/45	5	4	2	6	9
	33/16	9	2	6	5	3	8	12/13	7	1	4
3	3	22/16	9	4	2	7	20/9	5	1	8	6
8	5	3	35/34	7	9	6	1	8	4	2/25	2
21	8	7	1	5	11/13	9	2	13/28	6	4	3
	45/28	4	7	2	3	8	6	1	5	9	/14
13	6	2	5	5/17	4	1	27/23	3	9	7	8
4	4	35/12	8	9	6	2	3	7	6/11	5	1
22	7	1	6	8	18/9	4	9	2	3	5/5	5
12	2	6	4	33/1	1	5	7	9	8	3	/7
26	9	5	3	1	8	10/	4	6	9/	2	7